奎文萃珍

仙佛奇踪

上册

[明]洪應明 撰

文物出版社

圖書在版編目（CIP）數據

仙佛奇踪 / (明) 洪應明撰. -- 北京 : 文物出版社, 2023.1
（奎文萃珍 / 鄧占平主編）
ISBN 978-7-5010-7478-5

Ⅰ. ①仙… Ⅱ. ①洪… Ⅲ. ①佛教－神－列傳②道教－神－列傳 Ⅳ. ①B949.9②B959.9

中國版本圖書館CIP數據核字(2022)第051329號

奎文萃珍
仙佛奇踪 〔明〕洪應明 撰

主　　編：鄧占平
策　　劃：尚論聰　楊麗麗
責任編輯：李子裔
責任印製：蘇　林

出版發行：文物出版社
社　　址：北京市東城區東直門内北小街2號樓
郵　　編：100007
網　　址：http://www.wenwu.com
經　　銷：新華書店
印　　刷：藝堂印刷（天津）有限公司
開　　本：710mm × 1000mm　1/16
印　　張：43.25
版　　次：2023年1月第1版
印　　次：2023年1月第1次印刷
書　　號：ISBN 978-7-5010-7478-5
定　　價：230.00圓（全二册）

序言

《仙佛奇踪》八卷，明洪應明撰。明代志怪類文言小説集。

洪應明，字自誠，號還初道人。新都（今安徽新安）人。萬曆時在世。著有《菜根譚》《仙佛奇踪》。馮夢楨在《仙佛奇踪》的《寂光鏡引》中言其『幼慕紛華，晚栖禪寂』，即早年熱衷世事，晚年歸心向佛。此或作者歷經人生波折之後的選擇。萬曆三十年（一六〇二）前後，洪應明曾在南京秦淮居住，潛心著述，并與當時名士袁黄、馮夢楨有交往。《仙佛奇踪》即作于其時，該書廣采佛道經籍、漢魏六朝小説和民間傳聞，記載道教神仙和佛教高僧故事。《四庫提要》云其書『以多荒怪之談，姑附之小説家焉』。

是書有四卷本和八卷本。四卷本即《四庫提要》著録之本，前二卷記仙事，後二卷記佛事，各附一卷，即《長生詮》《無生訣》。本書爲萬曆時刻八卷本，含《長生詮》《無生訣》各一卷，《消摇墟》《寂光鏡》各三卷。《長生詮》前一部分摘録《清符經》《陰符經》《洞古經》等十九種經書中有關的長生秘訣；後一部分輯録漢天師、純陽真人、虚静天師等人所論煉丹、練氣要領。所録詩文涉及胎息、導引、修心養性及内丹功法，大抵以澄心静意、去欲養神爲主，以導引行氣之術爲輔。《無生訣》共輯録釋迦牟尼佛、摩訶迦葉尊者、商那和修尊者等高僧的修身要旨，其主旨在于否定執着心法，破除生滅妄見，宣揚『無心亦無法』『非心非本法』之義理，以求覺悟無差别，本同一之涅槃境界。《消摇墟》繪録老子至馬丹陽等道家諸仙五十八位（較他本少五位仙人，疑後印缺失）；《寂光鏡》繪録佛家列尊六十一位，包括西竺佛祖釋迦牟尼至般若多羅十九人，中華祖師自菩提達摩至船子和尚四十二人。每圖後附文字介紹。此書反映明人奉道崇佛的風尚。釋迦牟尼圖署『汪文宦』名，汪文宦爲萬曆時徽州版畫名工。插圖綫條秀勁流暢，人物表面栩栩如生，背景的山水、花草樹木、動物等清雅爽潔，刀法精細入微，其精工不遜于當時徽州名工黄伯符、黄一彬等人。

八卷本又有民國時期陶湘石印《嘉咏軒叢書》本。

編者

二〇二二年七月

還初道人輯

仙佛奇踪

長生詮小引

嗟夫搏生謬〻隨化俱盡芝蘭与蕭艾齊萎瑰琅与瓦礫共捐俯仰須臾曉爲長夜〻〻宜乎我陰符洞古習其秘悉同悟真諸篇衍其流或還意或以靜或固鍊〻寶或服餌九還或採取爲秘術或導引爲奇功此其

載五千書著吾人之錬魂之不離無
爲近思蓋大道之精竅實真體形
玄智歸於自然其爲也不以爲之而
以不爲也喉法光而遂不通難達日
抽古丹經讀之一切男女黃白之說
窯皆屏去唯是靜坐無爲薪錄丹論
偶覩一斑未是全覺頗悟仙是金所

獨論何一等予畢者非即為忠萬脩
得是說而存之帝頫之生民效慕之
衷保圓光內視術入歸衷金丹大業
與其是編者何以異於丹臺秘錄而
枕藉之颺稱大還哉
萬曆壬寅季冬朔還初道人洪應明
書於秦淮小邸

汪文宦刊

長生詮

還初道人自誠氏輯

清淨經

夫人神好清而心擾之人心好靜而欲牽之常能遣其欲而心自靜澄其心而神自清

內觀其心心無其心外觀其形形無其形遠觀其物物無其物三者既悟唯見於空觀空亦空空無所空所空既無無無亦無無無亦無湛然

常寂

陰符經

心生於物死於物機在目

生者死之根死者生之根　恩生於害害生於恩

洞古經

有動之動出於不動有為　之為出於無為無為則神歸神歸則萬物云寂　不動則氣泯氣泯則萬物無生

忘於目則光溢無極泯於耳則心識常淵兩機俱忘衆妙之門

養其無象象故常存守其無體體故全真全真相濟可以長生天得其真故長地得其真故久人得其真故壽

大通經

靜爲之性心在其中矣動爲之心性在其中矣心生性滅心滅性現如空無象湛然圓滿

大道無相故內不攝於有真性無爲故外不生

其心如如自然廣無邊際

對境忘境不沉於六賊之魔居塵出塵不落於

萬緣之化

定觀經

唯滅動心不滅照心但凝空心不凝住心

有事無事常若無心處靜處喧其志唯一制而

不着放而不動處喧無惡涉事無惱者此是真

定
不以涉事無惱故求多事不以處喧無惡強來
就喧以無事爲真宅有爲爲應迹若水鏡之爲
鑒則隨物而現形

胎息經

胎從伏氣中結氣從有胎中息氣入身來爲之
生神去離形爲之死知神氣可以長生固守虛
無以養神氣神行即氣行神住即氣住若欲長

生神氣相注

胎息銘

三十六咽一咽爲先吐唯細細納唯綿綿坐臥亦爾行立坦然戒於喧雜忌以腥膻假名胎息實曰內丹非止治病決定延年久久行之名列上仙

太上日用經

日用飲食禁口端坐莫起一念萬慮俱忘存神

定意眼不視物耳不聽聲一心內守調息綿綿漸漸呼出莫教間斷似有若無自然心火下降腎水上升口裏津生靈真附體得至長生十二時中常要清淨神是氣之子氣是神之母如雞抱卵存神養氣能無離乎

心印經

上藥三品神與氣精恍恍惚惚杳杳冥冥存無守有頃刻而成回風混合百日功靈默朝上帝

一紀飛昇

水火真經

欲從心起息從心定心息相依息調心靜

文始經

心感物不生心生情物交心不生物生識物尚非真何況於識識尚非真何況於情

目視琱琢者明愈傷耳聞交響者聰愈傷心思玄妙者心愈傷

以神存氣以氣存形所以延形合形於神合氣於氣所以隱形

吸氣以養其和孰能饑之存神以滋其煖孰能寒之

洞靈經

導筋骨則形全剪情欲則神全靖言語則福全保此三全是謂聖賢

玉樞經

道者以誠而入以默而守以柔而用用誠似愚用默似訥用柔似拙

入道者知止守道者知謹用道者知微能知微則慧光生能知謹則聖知全能知止則泰安定

冲虛經

務外遊不如務內觀外遊者求備於物內觀者取足於身

至游者不知所適至觀者不知所眂

神遇爲夢形接爲事晝想夜夢神形所交故神凝者想夢自消

南華經

山木自寇也膏火自煎也桂可食故伐之漆可用故割之人皆知有用之用而莫知無用之用也

至道之精窈窈冥冥至道之極昏昏默默

無勞女形無搖女精乃可長生目無所見耳無

所聞心無所知女神將守形形乃長生

三茅真經

谷虛應聲心虛應神神虛應氣氣虛應精虛極則明明明極則瑩超乎精神而無死生精從內守氣自外生以氣取精可以長生

衛生經

精氣神爲內三寶耳目口爲外三寶常使內三寶不逐物而流外三寶不誘中而擾

洞神真經

寵辱不驚肝木自寧動靜以敬心火自定飲食有節脾土不泄調息寡言肝金自全恬靜無慾腎水自足

元道真經

草木根生去土則死魚鱉沉生去水則死人以形生去氣則死是故聖人知氣之所在以爲身寶

漢天師語

虛無大道清淨希夷不染曰清不動曰淨不視曰希不聽曰夷勤此四者可免輪迴

純陽真人

一日清閑一日僊六神和合自安然丹田有寶休尋道對境無心莫問禪

養氣忘言守降心爲不爲動靜知宗祖無事更尋誰真常須應物應物要不迷不迷性自住性

住氣自回氣回丹自結壺中配坎離陰陽生返復普化一聲雷白雲朝頂上甘露洒須彌自飲長生酒逍遥誰得知坐聽無絃曲明通造化機都來二十句端的上天梯

虛靜天師

不怕念起惟恐覺遲念起是病不續是藥有定主無常應心欲死機欲活

大道不遠在身中萬物皆空性不空性若不空

和氣住氣歸元海壽無窮

欲得身中神不出莫向靈臺留一物物在心中

神不清耗散真精損筋骨

元神一出便收來神返身　氣自迴如此朝朝

併暮暮自然赤子產真胎

李真人

一吸便提氣氣歸臍一提便咽水火相見

三茅真君

靈臺湛湛似水壺只許元神在裡居若向此中留一物豈能證道合清虛

寒山子

冬則朝勿饑夏則夜勿飽早起不在雞鳴前晚起不過日出後心內澄則真人守其位氣內定則邪穢去其身

玉虛子

物物元無物心非形亦非三般觀曉悟悟者不

知誰

無無藏妙有有有現眞空湛然俱不立常寂性融融

中黃眞人

天門常開地戶須閉息息綿綿勿令暫廢吸至于根呼至于蔕于謂之神毋謂之氣如鷄抱卵似魚在水結就聖胎自然蟬蛻

馬丹陽

道性雖無修無證塵心要日損日消消到忘心

忘性方契無修無證

煉氣作生涯怡神爲日用常教龍虎調不使馬猿弄

性定則情忘形虛則氣運心死則神活陽盛則陰衰

修心要作長生客煉性當爲活死人

玄關秘論

心牽于事火動于中心火既動真精必搖故當死心以養氣息機以死心

無心于事則無事于心故心靜生慧心動生昏

郝太古

境殺心則凡心殺境則仙

靜處煉氣鬧處煉神

王棲雲

心隨境轉境逐心生君要心定世人愛的我不

愛世人做的我不做紅塵萬緣勾引不動自然心清意靜陰陽不能陶鑄

遣慾澄心亦是心將心攝慾慾應深爭如不起群迷念方現無中百煉金

白玉蟾

大道以無心爲體忘言爲用柔弱爲本清淨爲基

薄滋味以養氣去嗔慾以養性處卑下以養德

守清淨以養道

真火本無候大藥不計斤盇神既火氣即藥以火煉藥而成丹即以神馭氣而成道也使神馭氣使氣歸神不過回光返照收拾念頭之一法耳

夫金丹者採二八兩之藥結三百日之胎心上工夫不在吞津嚥氣先天造化要須聚氣凝神若要行持須憑口訣至簡至易非繁非難無中

養就嬰兒陰內煉成陽氣使金公生擒活虎令姹女獨駕赤龍乾夫坤婦而媒假黃婆離女坎男而結成赤子一爐火焰煉虛空化作微塵萬頃氷壺照世界大如黍米神歸四大郎龜蛇交合之時氣入四肢是烏兎欝羅之處玉葫蘆迸出黃金之液金蕊蓓開成白玉之花正當風恬月明時誰會山青水綠意

快活快活真快活虛空粉碎秋毫末輪迴生死

幾千遭這回大死今方活舊時窠舊潑生涯于今淨盡都掉脫元來爹爹只是爺懵懵懂懂自瓜葛近來彷彿辨西東七七依前四十八如龍養珠心不忘如雞抱卵氣不絕又似寒蟬吸曉風又似老蚌含秋月一箇閑人天地間大笑一声天地濶

我有明珠光爍爍照破三千大千國觀音菩薩正定心釋迦如來大圓覺或如春色媚山河或

似秋光爽巖巠亦名九轉大還丹又謂長生不
死藥墻壁瓦礫相渾融水鳥樹林共寥廓缺脣
石女駕土牛跛脚木人騎紙鶴三業三毒雲去
來六根六塵月綽約此珠價大實難酬不許巧
雖妄穿鑿若要秘密大總持寂滅之中閑摸索
幾多衲子聽聾雷幾個道人藏尺蠖茫茫盡向
珠外求不識先天那一着那一着何須重註脚
杜宇聲隨曉雨啼海棠夜聽東風落

烏兎乾坤昴龜蛇復姤壇世間無事客心内大
還丹白虎水中吼青龍火裏蟠汞鉛泥欒豔金
木雪花寒離坎非心腎東西不肺肝三句窮七
返九轉出泥丸

司馬真人

夫欲修真先除邪行外事都絶無以干心然後
内觀正覺覺一念起即須除滅隨起隨滅務令
安靜雖非的有貪着浮游亂想亦盡滅除晝夜

動行須臾不替唯滅動心不滅照心但冥虛心
不冥有心不依一法而心常住此法玄妙利益
甚深
常默元氣不傷少思慧燭內光不怒百神和暢
不惱心地清涼不求無諂無驕不執可圓可方
不貪便是富貴不苟何懼君王味絕靈泉自降
氣定真息自長觸則形斃神游想則夢離屍僵
氣漏形歸后土念漏神趨死鄉心死方得神活

魄滅然後魂強轉物難窮妙理應化不離真常至精潛于恍惚大象混于渺茫造化不知規準鬼神莫測行藏不飲不食不寐是謂真人坐忘

孫真人

天地之間人爲貴頭象天兮足象地父母遺體能寶之洪範九疇壽爲最衛生切要知三戒大怒大慾併大醉三者若還有一焉須防損失真元氣

欲求長生須戒性火不出兮心自定木還去火不成灰人能戒性還延命貪慾無窮忘却精用心不已失元神勞形散盡中和氣更仗何因保此身

怒甚偏傷氣思多太損神神疲心易役氣弱病相縈勿使悲歡極常令酒食均再三防夜醉第一戒晨嗔亥寢鳴雲鼓寅晨嗽玉津妖邪難犯己精氣自全真若要無諸病常常節五辛安神

宜悅樂惜氣保和純壽天休論命修持本在人
君能尊此理平地可朝真

文逸曹仙姑

神是性兮炁是命神不外馳氣自定本來二物
互相親失却將何為本柄

重陽祖師

棄了惺惺學得癡到無為處無不為眼前世事
只如此耳畔風雷過不知兩脚任從行處去一

靈常與氣相隨有時四大薰醉借問青天我是誰

理性如調琴緊則有斷慢則不應緊慢得中則琴和矣又如鑄劍鋼則折錫多則卷鋼錫得中則劍成矣

欲界色界無色界此三界也心忘念慮卽超欲界心忘緣境卽超色界心不着空卽超無色界離此三界神居仙聖之鄉性在清虛之境矣

李靖菴

心歸虛寂身入無爲動靜兩忘內外合一到這裡精自然化氣氣自然化神神自然還虛

無心真人

心田清靜性地和平端念正身不離當處神歸氣復性定精凝魂魄混融陰陽交媾丹田有寶對鏡無心一氣歸根萬神朝祖沉沉默默捧捧存存兀兀騰騰綿綿相續方是修行底活計辦

道底家風

石杏林

萬物生皆死元神死復生以神足氣內丹道自然成

心天無點翳性地絕塵飛夜靜月明處一聲春鳥啼

施肩吾

氣本延年藥心爲使氣神能知行氣主便可作

眞人

張紫陽

含眼光凝耳韻調鼻息緘舌氣是謂和合四象
眼不視而魂在肝耳不聽而精在腎舌不聲而
神在心鼻不香而魄在肺四肢不動而意在脾
是謂五氣朝元精化爲氣氣化爲神神化爲虛
是謂三化聚頂
虛無生白雪寂靜發黃芽玉爐火溫溫鼎上飛

紫霞

華池蓮花開神水金波淨夜深月正明天地輪鏡

龍從東海來虎向西山起兩獸戰一場化作天地髓

大道元來一也無若能守一我神居此心瑩若潭心月不滯絲毫眞自如

水火從來一處居看時覺有覓時無細心調爕

文兼武片餉教君結玉酥

心者神之舍目者神之牖目之所至心亦至焉故內煉之法以目視鼻以鼻對臍降心火入于氣海功夫只在片餉而已

海上道人

但向起時作還于作處收蛟龍莫放睡雷雨直須休要會無窮火常觀未盡油夜深人散後唯有一燈留

神合道此七返九還之玅藥也然産藥有州源
採藥有時節制樂有法度入藥有造化煉藥有
火功西南有鄉土名黃庭恍惚有物杳冥有精
分明一味水中金但向華池仔細尋此産藥之
州源也垂簾塞兑窒慾調息離形去智幾于坐
忘勸君終日默如愚煉成一顆如意珠此採藥
之時節也天地之先無根靈草一意製度産成
至寶大道不離方寸地功夫細密覆行持

藥之法度也心中無心念中無念注意規中一
炁還祖息息綿綿無間斷行行坐坐轉分明此
入藥之造化也淸淨藥材密意爲先十二時
炁煉火煎金鼎常教湯用煖玉爐不使火少停
此煉藥之火功也
採時爲之藥藥中有火焉煉時爲之火火中有
藥焉能知藥而收火則定裏自丹成古詩云藥
收陽內陰火候陰內陽會得陰陽理火藥一處

朱紫陽

靜極而噓如春沼魚力極而吸如百蟲蟄春魚得氣而動其動極微寒蟲含氣而蟄其蟄無朕調息者須似之綿綿密密幽幽微微呼則百骸萬竅氣隨之以出吸則百骸萬竅氣隨之以入調之不廢眞氣從生藥物之老嫩浮沉火候之文武進退皆于眞氣中求之嗚呼盡矣

譚景昇

悲則兩淚辛則兩涕憤則結瘦怒則結疽心之所欲氣之所屬無所不育邪苟爲此正必爲彼是以大人節悲辛誡憤怒得灝氣之門所以收其根知元神之囊所以韜其光若罃內守若石內藏所以爲珠玉之房

忘形以養氣忘氣以養神忘神以養虛只此忘之一字便是無物身界六祖云本來無一物何處惹塵埃其謂是歟

魏伯陽

耳乃精竅目乃神竅口乃氣竅若耳逐于聲便精從聲耗而不固目蕩于色便神從色散而不凝口多言語便氣從言走而不聚安得打成一片以爲丹基修行之人若不于此三寶關鍵收拾向裏無有是處

今人精從下流炁從上散水火相背不得凝結皆是此心使然心苟愛念不生此精必不下流

心苟念念不生此炁必不上炎一念不生萬慮澄徹則水火自然交媾矣

陳虛白

混沌生前混沌圓個中消息不容傳劈開竅內竅中竅踏破天中天外天斗柄逆旋方有象台光返照始成仙一朝撈得潭心月覷破胡僧面壁禪

夫神與氣精三品上藥煉精成氣煉氣化神煉

如星馳縱橫自在翱翔東心不貪榮身不辱閑
唱壺中白雪歌靜調世外陽春曲我家此曲皆
自然管無孔兮琴無絃得來驚覺浮生夢晝夜
清音滿洞天
炁無升降息定謂之真鉛念無生滅神凝謂之
真汞息有一毫之不定形非我有散而歸陰非
真鉛也念有一毫之不澄神不純陽散入
非真汞也

翠玄真人

煉氣徒施力存神枉用功豈知丹訣妙鎮日翫真空

玉液滋神室金胎結氣樞只尋身内藥不用檢丹書

火候元無核交梨豈有查參躬行火候神水灌金花

神氣歸根處身心復命時這般真孔竅料得少

詳此其義也必以神馭氣以氣定息呼吸出入
任其自然專炁致柔含光默默行住坐臥綿綿
若存如婦人之懷孕如小龍之養珠漸採漸煉
漸凝漸結工夫純粹打成一片動靜之間更宜
消息念不可起起則火炎意不可散散則火冷
但使操舍得中神炁相抱斯謂之火種相續丹
鼎相溫煉之一刻一刻之周天也煉之一日一
日之周天也無子午卯酉之法無晦朔弦望之

期聖人傳藥不傳火之旨盡于此矣

丘長春

青天莫起浮雲障雲起青天遮萬象萬象森羅鎮百邪光明不顯邪魔旺我初開廓天地清萬尸千門歌太平有時一片黑雲起九竅百骸俱不寧是以長教慧風烈三界十方飄蕩微雲散虛空體自真自然現出家家月月下方堪把笛吹一聲響亮振乾坤又驚起東方玉童子倒騎白鹿

人知

萬籟風初起千山月正圓急須行正令便可運
周天

雲散海棠月春深楊柳風阿誰知此意舉目問
虛空

紫霞山人

卄郎筌啼道郎魚忘筌得道證空虛莫堅守抱
無爲一撲碎虛空一也無妙有靈光常赫赫含

合法界自如如隨緣應感常清淨九載金剛不
壞軀

抱一子

耳不聽則坎水內澄目不視則離火內營口不
言則兌金不鳴三者既閉則眞人遊戲于其中

陳泥丸

修仙有三等煉丹有三成上品丹法以身爲鉛
以心爲汞以定爲水以慧爲火在片餉之間可

以凝結成胎中品丹法以氣爲鉛以神爲汞以
午爲火以子爲水在百日之間可以混合成胎
下品丹法以精爲鉛以血爲汞以腎爲水以心
爲火在一年之間可以融結成功

李道純

直鉛眞汞大丹頭採取當平罔象求有作有爲
終有累無求無執便無憂常清常淨心珠現忘
物忘機命寶周動靜兩途無窒礙不離常處是

瀛洲

三元大藥意心身着意心身便係塵調息要調

眞息息煉神須煉不神神頓忘物我三花聚孫

棄機緣五氣臻八達四通無罣礙隨時隨處闡

全眞

性天大察長根塵理路多通增業識聰明智慧

不如愚雄辯高譚爭似嘿絕慮忘機無是非隱

耀含華遂聲色一念融通萬慮澄三心剔透諸

緣息諦觀三教聖人書息之一字最簡直能於息上做工夫爲佛爲仙不勞力息緣返照禪之機息心明理儒之極息氣凝神道之玄三息相須無不充

天來子

欲撈北海波心月先縛南山嶺上雲君也有人知此意便堪飛舄見元君

半輪月照西江上一箇烏飛北海頭月落烏飛

尋不見廣寒宫内倒騎牛

玄牝之門鎖日閑中間一竅混靈臺無關無鎖

無人守日月東西自往來

採藥要明天上月修行須識水中金月無真氣

金無水縱有眞鉛枉用心

無夢子

身爲車兮心爲軾車動軾隨無計息交梨火棗

是誰無自是不除荆與棘

身爲客兮心爲主主人平和客安處若還去客
不安寧精神管是辭君去

龍眉子

溟涬無光太極先風輪激動產真鉛都因靜極
還生動便自無涯作有邊一氣本從虛裏兆兩
儀須信定中旋生生化化無窮盡幻作壺中一
洞天

紫虛了真子

乾坤橐籥鼓有數離坎刀圭採有時鉛龍升兮汞虎降龜蛇上下兩相持天上日頭地下轉海底蟾角天上飛乾坤日月本不運皆因斗柄轉其機人心若與天心合顛倒陰陽只片時虎龍戰罷三田靜拾取玄珠種在泥黄婆媒合入中宮嬰兒姹女相追隨年中用月日用時刻裏工夫玅更奇暗合斗牛共歡會天機深遠少人知

瑩蟾子

抱元守一通玄竅惟精惟一明聖教太玄眞一
復命關是知一乃眞常道休言得一萬事畢得
一持一保勿失一徹萬融天理明萬法歸一非
奇特始者一無生萬有無有相資可長久誠能
萬有歸一無方會向南觀北斗至此得一復忘
一可與造化同出沒設若執一不能忘大似癡
猶守空齋三五混一一返虛返虛之後虛亦無
無無既無湛然寂西天鬍子沒髭鬚令人以無

喚作茫然蕩頑空去去迷令人以一喚作一偏
枯苦執空費力不無之無若能會便于守一知
無一一無兩字盡撤翻無無一先生大事畢
日用總玄玄時人識未全常推心上好放却日
頭禪法法非空法傳傳是妄傳不曾修福始爲
得有禍先不益便無損不變豈能遷莫看咸和
喜何愁迷與適不作善因果那得惡姻緣打開
入我網跳出是非圈休思今世後次下未生前

既無塵俗累何憂業火煎有無俱不立虛實任相連來去渾忘却生死何須焉饑來一椀飯渴則半甌泉興來自消遣困去且打眠逢者明此義休壽天外天見前赤灑灑來後亮娟娟

導引法

閉目冥心坐握固靜思神叩齒三十六兩手抱崑崙左右鳴天鼓二十四度聞微擺撼天柱赤龍攪水津漱津三十六神水滿口勻一口分三

嚥龍行虎自奔閉氣搓手熱背摩後精門盡此
一口氣想火燒臍輪左右轆轤轉兩脚放舒伸
叉手雙虛托低頭扳足頻以候逆水上再漱再
吞津如此三度畢神水九次吞嚥下汩汩響百
脉自調勻河車搬運訖發火遍燒身邪魔不敢
近夢寐不能昏寒暑不能入災病不能迍子午
午前作造化合乾坤環次第轉八卦是良因

杜道堅

至道不遠兮恒在目前竊天地之機兮修成胎仙妙莫妙兮凝吾之神安以待之兮若存而綿綿黃帝求玄珠兮象罔乃得此理可心會兮非言所傳虛極靜篤兮恍惚變化絪緼蟠礴兮如烟雲之回旋龍吟虎嘯兮鉛汞交結依時採取兮進火烹煎劍挂南宮閉固神室煉成五色石兮補自己之靑天結胎片餉兮運火一年如靈鷄之抱卵兮萬慮俱捐轉天根月窟之關鍵兮

往來上下融融液液兮真氣周匝乎三回動而行之勿計得喪累土成層臺兮積涓流而成川機緣難偶兮時不待人下手速兮慎毋待霜雪之滿巔

許真人

不開關空打坐無有麥子推甚磨枉勞神空錯過生死輪迴躲不過開得關透得鎖三車搬運真水火湧泉直至泥丸宮縱橫自在都由我關

未開鎖未動休胡扭揑莫胡為自已性命固不
得卻去入問說鉛汞人人本有三關路夾脊雙
關透頂門修行正路此為根華池神水頻吞嚥
紫府元君逆上搬運使氣沖關節透自然精滿
谷神存只願谷神長不死世間都是壽長人

薛真人

修養工夫顛倒顛行持造化坎離先池中玉液
頻頻嚥附後金精轉轉還玄中妙妙中玄得此

神丹益壽年谷關緊鎖眞消息便是人間不老
仙

逍遙子

父母未生前與母共相連十月胎在腹能動不
能言晝夜毋呼吸往來通我玄無情生有情虛
靈徹洞天剪斷臍帶子一點落根源性命歸真
土此處覓眞鉛時時防意馬刻刻鎖心猿〻〻一失
當來路輪迴苦萬十若遇明師指說破妙中玄

都來二十句端的上青天
丹田完固氣歸根氣聚神凝道合真久視定須
從此始莫教虛度好光陰
卻老扶衰別有方不須身外覓陰陽玉關謹守
嘗淵默氣固神完壽自康

攝生要旨

眼者神之牖鼻者氣之戶尾閭者精之路人多
視則神耗多息則氣虛多嗜慾則精竭務須閉

目以養神調息以養氣堅閉下元以養精精充則氣裕氣裕則神完是謂道家三寶

覺與陽合寐與陰併覺多則魂强寐久則魄壯魂强者生之人魄壯者死之徒也故善養生者必豢元和減滋味使神清氣爽晝夜常醒是乃長生之道

去暴怒以養性少思慮以養神省言語以養氣絕嗜慾以養精

玄關雜紀

昔有行道人陌上見三叟年各百歲餘相與鋤禾莠往拜再三問何以得此壽上叟前致詞室内姬粗醜二叟前致詞夜飯减數口下叟前致詞暮臥不覆首旨哉三叟言所以壽長久口中言少心頭事少肚中食少夜間睡少依此四少神仙可了

内養真詮

老子曰綿綿若存謂之存則常在矣謂之若則非存矣故道家宗旨以空洞無涯爲元竅以知而不守爲法則以一念不起爲功夫檢盡丹經總不出此

氣欲柔不欲強欲順不欲逆欲定不欲亂欲聚不欲散故道家最忌嗔心嗔心一發則氣強而不柔逆而不順亂而不定散而不聚矣修道者須知光風霽月景星慶雲無一毫乖戾之氣而

後可行功用力

修眞秘錄

人心久任之則浩蕩而忘返頓棲之又超躍無根任之則蔽乎我性棲之則勞乎我神致苟奚方而靜蓋心本至靈感物而動既習動而播遷亦習靜而恬晏故善習靜者將躁而制之以寧將邪而閑之以正將求而抑之以恬將蜀而澄之以清優哉游哉不欲不苦行于是止于

是造次於是道遥於是久之則[illegible]官於外神鑒

於內不思靜而自靜矣

修真之士先要降心君不降心焉能見性既不見性何以立命性命不脩安得成真故降得一分欲心便存得一分道心

心爲五陽之主　腎爲五陰之主五陰升而爲水

五陽降而爲火　兩腎在人身之中名曰中宫命

府包藏精髓貫　通氣脉善養者自離進坎塡離

心息相依使二氣相交 水火既濟自然一氣純
陽身輕體健
嬰兒之在母胎也母呼亦呼母吸亦吸口鼻皆
閉而唯以臍通焉及其生也剪去臍蒂則一點
真元之氣聚於臍下故臍者生之根氣之蒂也
人能虛心凝神回光內照於真人呼吸處隨其
上下順其自然而存之 心與息相依神與氣相
守念念相續打成一片自然神氣歸根性命合

一人在氣中如魚在水中一以養魚而魚不知氣以養人而人不覺養氣者須目調息始調息之法先靜坐澄心宛若禪寂以目視鼻以鼻對臍調勻呼吸勿令喘急吸時氣自下而上呼時氣自上而下一上一下若存若亡毋令間斷亦毋令矜持但隨其出入少加調停爾

人身元神常在於目五藏精華亦聚於目故喩

符經曰機在目道德經曰不見可欲使心不亂
是以內養之法常要兩目垂簾迴光自照降心
火於丹田使神藏於淵　致外馳自然神氣相
抱長生可期

冬至小參文

身中一寶隱在丹田輕如雲霧澹似飛煙上至
泥丸下及湧泉乍聚乍散或方或圓表裏瑩徹
左右回旋遇陰入地逢陽升天金翁採汞姹女

擒鉛依時運用就內烹煎冬至之後夏至之前
金鼎湯沸玉爐火燃龍吟東岳虎嘯西川黃婆
無爲丁公默然身中夫婦雲雨交歡天一生水
在乎清源離己坎戊以土爲先土中有火玅在
心傳如龍養珠波涵玉淵如鷄抱卵暖氣綿綿
磁石吸鐵自然通連花蒂含實核中氣全不守
之守如一物存始由乎坎終至乎乾卯酉沐浴
進退抽添有文有武可陶可甄聖胎既就一鏇

三關都使河車運水登山三尸六賊膽碎心寒鉛汞成雪一色同觀玉壺涵水即成大還一聲雷電人在頂門青霄萬里蟾光一輪

冬至詞

回看斗柄運周天頓悟神仙妙訣一點真陽生坎位點都離宮之缺造化無聲水中起火妙在虛危穴今年冬至梅花衣舊凝雪先聖此日閉關不通來往都為羣生設物物合

生意正在子初亥末自古乾坤這些離坎日日無休歇 如今識破金烏飛入蟾闕

玄牝歌

華池神水天地根煉之餌之命長生自古神仙無別說皆因玄牝入真門借問如何是玄牝嬰兒未生先兩腎兩腎中間一點明逆則丹成順成人一陽起處便下手黑中取白無中有一時身內長 真芽九載三年從自守世人若識真玄

牝不在

[illegible]

機[illegible]洩[illegible]

修眞[illegible]

修眞之要只在[illegible]臨了性命便是[illegible]

世人不知何[illegible]爲養性[illegible]以康心[illegible]

何者爲立命[illegible]以伏氣喻之[illegible]

眞如此養性[illegible]氣[illegible]

道家以精氣[illegible]

身身不動[illegible]而欲[illegible]論[illegible]之要在乎心心
不動則無念而氣[illegible]之一要[illegible]心不動
則身心合而[illegible]精氣神爲三元
藥物身心意[illegible]三元至要

長生詮卷之一終

消搖墟引

夫人生墮落世網彼蠅爭蟻逐輩無論已即古稱長心逸節亦往往鍛羽羈足若轅駒檻鳥竪夫誰能蟬蜕鳳舉而消揺物外也者緬惟羽客仙翁吸雲英飡石髓駕鸑鳳以翩躚駁青牛而遊遨一條藜杖泛雲水之三千半片衲衣訪同

天之十二蒙莊氏所稱消揺遊者意在斯乎予性寡諧謝絕一切世氛獨紫芝白石有風癖焉洪生自誠氏新都弟子也一日携仙紀一編徵言於予〻披閱之青霞紫氣暎發左右宛若遊海上而揖羣真令人飄颻欲仙真欲男丹丘塵世蓬島也雖仙有靈根道有風契得

忘髓終非昇舉向上事頤塵勞絫劫中
定啮栻眯蘸名香啜普茗時一露盥坑
之不猶吞火而飲之以氷哉他日倘逸
樊籠而步碧虛請執是以作玉杵或不
謂無曰云

了凡道人袁黄題

消搖墟目

還初道人自誠甫次

列仙姓氏

李八百　丁令威
鬼谷子　劉越
白石生
安期生　東方朔
鍾離權
馬成子
劉晨
魏伯陽　張道陵

梅福　蕭史

費長房　黃初平

藍采和　麻衣子

麻姑　呂純陽

孫登　左慈

韓湘子　曹國舅

許眞君　葛仙翁

何仙姑　張果老

上賓　　黃野人

陶弘景　　司馬真人 卷三

裴航　　孫思邈

譚峭　　許宣平

玄真子　　軒轅集

陳希夷　　雷隱翁

馬自然　　張紫陽

李鼻涕　　歸元子

目畢

老君

老子者太上老君也累世化身而未有誕生之迹迨商陽甲時分神化氣始寄胎玄妙玉女八十一年曁武丁庚辰二月十五日卯時降誕於楚之苦縣瀨鄉曲仁里從母左腋而生於李樹下指樹曰此吾姓也生時白首面黃長耳矩目鼻純骨雙柱耳有三漏門美鬚廣顙疎齒方口足蹈三五手把十文姓李名耳字伯陽號曰老

子又號曰老聃周文王爲西伯召爲守藏史武
王時遷爲柱下史乃遊西極大秦竺乾等國號
古先生化導其國康王時還歸于周復爲柱下
史昭王二十三年駕青牛車過函谷關度關令
尹喜知之求得其道二十五年降於蜀青羊肆
會尹喜同度流沙胡域至穆王時復還中夏敬
王十七年孔子問道於老聃退而有猶龍之嘆
赧王九年復出散關飛昇崑崙秦時降陜河之

濵號河上公授道安期生漢文帝時號廣成子文帝遣使詔問之公曰道尊德貴非可遙問帝即命駕詣之帝曰域中有四大王居一也子雖有道猶朕民也不能屈何乃高乎朕足使貧賤富貴公乃拊掌坐躍冉冉在虛空中如雲之昇去地百餘丈而止於玄虛良久俛答曰今上不至天中不類人下不居地何民之有陛下焉能令富貴貧賤乎帝悟方下輦禮謝授帝道德二

經蓋無世不出先庚劫而行化後無極而常存
隱顯莫測變化無窮普度天人莫可具述云

東王公

王公諱倪字君明天下未有民物時鍾化而於碧海之上蒼靈之墟道性凝寂湛體無爲處玄功育化萬物主陽和之氣理於東方亦不王公凡上天下地男子登仙得道者悉所隸嘗以丁卯日登臺觀望轉劫昇天之仙凡凡品然始昇之時先拜太　公後謁金母受事畢方得昇九天入三清禮　太上而觀元始漢

初有羣兒戲謠於道曰着青裙上天門揖金母
拜木公時人莫之知唯子房往拜焉乃謂人曰
此東王公玉童

西王母

西王母即龜臺金母也得西華至妙之氣化生於伊川姓緱諱回字婉姈配位西方與東王公共理二氣調成天地陶鈞萬品凡上天下地女子之登仙者咸所隸焉居崑崙之圃閬風之苑玉樓玄臺九層左帶瑶池右環翠水女五華林媚蘭青娥瑶姬玉巵周穆王八駿西巡乃執白圭玄璧謁見王母復觴母于瑶池之上母爲王

謠曰白雲在天山林自出道里悠遠山川間之將子無死尚能復來後漢元封元年降武帝殿進蟠桃七枚於帝帝欲留核母曰此桃非世間所有三千年一實耳偶東方朔於牖間窺之母指曰此兒已三偷吾桃矣是日命侍女董雙成吹雲和之笛王子登彈八琅之璈許飛瓊鼓靈虛之簧安法興歌玄靈之曲爲武帝壽焉

[illegible]

赤松子

赤松子神農時雨師煉神服氣能入水不濡入火不焚至崑崙山常止西王母石室中隨風雨上下炎帝少女追之亦得仙俱去高辛時爲雨師閒遊人間

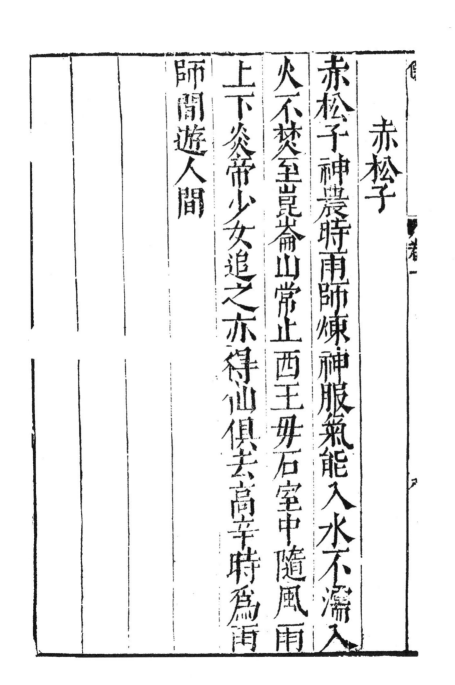

廣成子

廣成子軒轅時人隱居崆峒山石室中黃帝造焉問以至道之要答曰至道之精窈窈冥冥至道之極昏昏默默無視無聽抱神以靜形將自正必靜必清毋勞爾形毋搖爾精毋俾爾思慮營營乃可長生愼內閉外多智多敗我守其一而處其和故千二百年未嘗衰老

青烏公

青烏公彭祖弟子也受明師指示審眞仙玅理乃入華陰山中學道積四百七十一歲後服金液而昇天

彭祖

彭祖錢鏗帝顓頊玄孫至殷末世年已七百餘歲而不衰好恬靜善於補導之術并服水晶雲母麋角常有少容穆王聞之以爲大夫稱疾不與政事采女乘輜軿往問道於彭祖具受諸要因以教王王試爲之有驗彭祖知之乃去不知所往其後七十餘年門人於流沙西見之

鐵拐先生

鐵拐先生姓李質本魁梧早歲聞道修眞巖穴時李老君與宛丘先生嘗降山齋誨以道教一日先生將赴老君之約於華山囑其徒曰吾魄在此儻游魂七日而不返若甫可化吾魄也徒以母疾迅歸六日化之先生至七日果歸失魄無依乃附一餓莩之尸而起故形跛惡非其質矣

破擲之遂辭去海蟾緣此大悟遂解印辭朝易
服從道遁迹終南山下丹成尸解有白氣自頂
門出化鶴冲大

尹喜

尹喜字公文天水人初母氏嘗晝寢夢天下絳霄流繞其身及喜生時陸地自生蓮花及長眼有日精姿形長雅垂臂下膝堂堂有天人之貌少好學增索隱德行仁不修俗禮損身濟物不求聞達周康王時爲大夫仰觀乾象見東方有紫氣西邁知有聖人當度關而西乃求爲函谷關令預敕關吏孫景曰若有形容殊俗車服異

常者勿聽過時昭王二十三年七月老君果乘白輿駕青牛欲度關關吏入白喜曰今我得見聖人矣即具朝服出迎跪伏邀之曰願暫留神駕老君謝曰吾貧賤老叟居在關東田在關西今暫往取薪何故見留喜復稽首曰久知大聖當來西遊暴露有日願少憩神駕老君曰門開道竺乾有古先生是以身就道經歷子關何過留耶喜曰觀大聖神姿超絕乃天上至尊逷

叟何足往覩老君曰子何所見而知喜曰去冬十月天理星西行過昴自今月朔融風三至東方言氣狀如龍蛇而西變此大聖人之徵老君乃怡然咲曰善哉子之知吾吾亦已知子矣喜再拜曰敢問大聖姓字老君曰吾姓字渺渺從劫至劫非可盡說吾今姓李字伯陽號曰老聃喜於是就官舍設座供養行弟子禮老君乃為喜留關下百餘日盡將以內外修煉之法時老

君之御者徐甲少賃於老君約日顧百錢至關
時當七百三十萬錢甲見老君去官遠適亟來
索錢老君謂曰吾上西海諸國還當以黃金計
直償爾甲如約及至關飯青牛於野老君欲試
之乃以吉祥草化爲一美女行至牧牛之所能
以言戲甲甲惑之欲留遂負前約乃詣關令訟
老君索傭錢老君謂甲曰汝隨我二百餘年汝
久應死吾以太玄生符與汝所以得至今日汝

何不念此而乃訟言訖符自口中飛出甲自成一白骨喜乃爲甲叩頭請赦其罪以賜更生老君復以太一符投之甲即立生喜乃以錢償甲而禮遣之老君謂喜曰古先生者即吾之身嘗化今將返神還乎無名吾今逝矣喜叩首老君曰吾遊乎天地之表嬉乎玄冥之間八極上下無邊子欲隨吾烏可得焉喜曰延淵下地上天灰身沒命

願隨大仙老君曰汝雖骨相合道然受道曰變
安得行化諸國也於是復以道德五千言授之
期日千日之外可尋吾於屬青羊之肆也言訖
身坐雲華冉冉昇空光燭館舍五色玄黃良久
乃殁喜目斷雲霄尚涕泣扳戀名之曰西昇經喜
乃屏絶人事自著書九篇號關尹子至丁巳歲
即往西屬尋訪青羊之肆老君以甲寅年昇天
至乙卯歲復從太微官分身降生於蜀國大官

李氏之家巳先教青龍化生爲羊色如青金常在所生嬰兒之側以愛玩無數忽一日失羊童子尋覓得於市肆喜至蜀徧問居人無青肆者忽見童子牽羊因問此誰家羊牽欲何往童子答曰我家夫人生一兒愛玩此羊失來兩日兒啼不止今卻尋得欲還家喜即囑曰願爲告夫人之子云尹喜至矣童子入告兒即振衣而起曰令喜前來喜既入其家庭宇忽然高大湧出蓮

化之座見化之數文白金之身光明如日項有圓
光坐於蓮花座上舉家驚怪見曰吾老君也太
徹是宅真一爲身主客相因何乃怪耶吾將慰
無量稽首言曰不謂復奉天顏老君曰吾向留
子者以子初受經訣未克成功是以待子於此
今子保形煉色已造眞妙心結紫絡面有神光
金名表於玄圃玉札繫於紫務也即命五老上
帝四極鑑眞授宮玉冊金文號文始先生位爲

無上真人居一十四天王之上統領八萬仙士

自此方得飛騰虛空參得龍駕

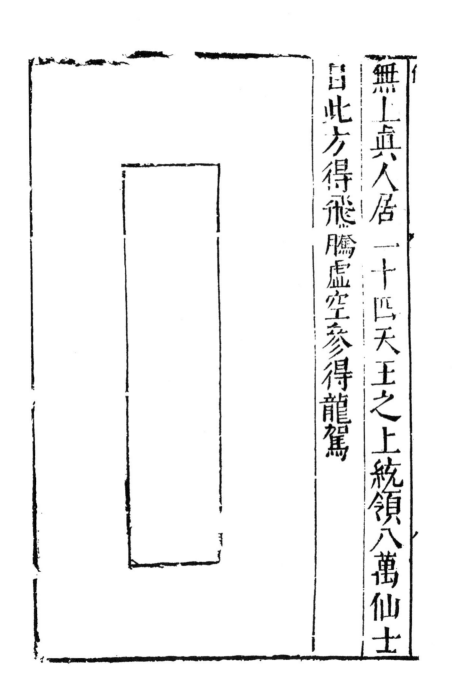

李八百

李八百蜀人名真居筠陽五龍岡歷夏商周年八百歲動行則八百里時人因號爲李八百或隱山林或居廛市又修煉於華林山石室丹成還蜀中周穆王時居金堂山蜀人歷代見之號紫陽真君

丁令威

丁令威本遼東人學道於靈虛山後化鶴歸集華表而吟曰有鳥有鳥丁令威去家千歲今來歸城郭如故人民非何不學仙塚纍纍

鬼谷子

鬼谷子春秋時人姓王名詡嘗入雲夢山採藥得道顏如少童居青溪之鬼谷蘇秦張儀往問道三年辭去子遺之書曰二足下功名赫赫但春華至秋不得久茂今二子好朝露之榮忽長久之功輕喬松之永延貴一旦之浮爵夫女愛不極席男歡不畢輪痛哉鬼谷處人間數百歲後不知所之有陰符鬼谷子二書行於世

劉越

劉越周時有苣先生名續修于南嶂山時有一少年數來相訪言論奇偉先生異之問曰覩子風猷有日矣僣問鄉邦姓字答曰姓劉名越居在山之左山下有石高二丈許叩之即當相延先生如其語訪之叩石石忽自開雙戶洞啓一小鬟迎先生行數十步纔有二青衣絳節前導漸見臺榭參差金碧掩映珍禽奇獸草木殊異

真人冠玉冠朱紱劍佩來迎先生意欲留居之真人謂先生曰子陰功未滿後會可期他日相從未晚也飲玉酒三爵延齡保命湯一甌而出先生返顧所叩之石宛然如初他日復叩無所應矣

白石生

白石生中黄丈人弟子彭祖時已二千餘歲不愛飛昇但以長生爲貴而已以金液爲上藥家貧不能得養豬牧羊十數年致富萬金乃買藥服之嘗煑白石爲粮因就白石山居遂號白石生亦時食脯亦時辟穀日能行三四百里顏色如三十許人或問何以不愛飛昇答曰天上未必樂於人間也

安期生

安期生瑯琊阜鄉人賣藥海邊時人皆呼千歲公秦始皇請見與語三夜賜金帛數萬出於阜鄉亭皆置去留書并赤玉舄一量爲報曰後千歲求我於蓬萊山下始皇遣使者數輩入海求之未至蓬萊山輙遇風波而還乃立祠阜鄉亭并海邊十處

東方朔

東方朔字曼倩嘗出經年兄曰汝經年一歸何以慰我對曰朔暫之紫泥海有紫水汚衣乃過虞淵湔洗朝發中還何云經年漢武帝時上書曰臣朔少失父母長養兄嫂今年二十二長九尺三寸口若懸珠齒若編貝勇若孟賁捷若慶忌廉若鮑叔信若尾生若此可以爲天子臣矣臣朔冒死再拜以聞朔文辭不遜高自稱譽上

偉之令待詔公車又遷待詔金馬門賜一食於
前食盡懷其餘肉衣盡汙數賜縑帛擔揭而去
嘗用所賜錢帛取少婦於長安中一歲即棄去
更取所賜物盡填之女子人皆笑之朔曰如朔
所謂避世於朝廷間者時酒酣據地歌曰陸沉
於俗宮殿可以避世全身何必深山之中蒿廬
之下朔將死謂同舍郎曰天下人無能知朔知
朔者惟大伍公耳朔亡後武帝召大伍公問之

荅以不知帝曰公何所能曰頗善星曆帝問諸
星具在度否曰諸星皆在獨不見歲星四十年
今復見耳帝仰天嘆曰東方朔在朕傍十八年
而不知爲歲星因慘然不樂

鍾離權

鍾離權燕臺人後改名覺字寂道號王陽子又號雲房先生父為列侯宦雲中誕生真人時異光數丈侍衛皆驚異真人頂圓額廣耳厚眉長目深鼻聳口方頰大脣臉如丹乳遠臂長如三歲兒晝夜不聲第七日躍然而言曰身遊紫府名書玉京及壯仕漢為大將征吐蕃失利獨騎奔逃山谷迷路夜入深林遇一胡僧蓬頭拂額體

掛草衣引行數里見一村庄曰此東華先生成
道處將軍可以歇息矣揖別而去真人未敢驚
動庄中良久聞人語云此必碧眼胡人饒舌也
一老人披白鹿裘扶青藜杖抗聲前曰來者非
漢大將軍鍾離權耶汝何不寄宿山僧之所真
人聞而大驚知爲異人是時方脫虎狼之穴遽
有鸞鶴之思乃回心向道哀求度世之方於是
老人授長生真訣及金丹火候青龍劍法真人

辭去回顧莊居不見其處後再遇華陽眞人傳以太乙刀圭火符内丹雲遊至魯居鄒城入嶧峒於紫金四皓峰居之得玉匣秘訣遂仙去

馬成子

馬成子秦扶風人性喜恬退不樂紛榮嘗自嘆曰人生若流電爾奈何久戀塵寰中於是棄家訪道入蜀之鶴鳴山石室中修煉二十餘年後遇異人授以神丹曰氣爲内丹藥爲外丹子得此服之當列爲上仙矣言訖而去成子遵其術行之遂白日昇天

劉晨

劉晨剡縣人漢永平中與阮肇入天台採藥路迷不得返經十三日饑渴甚望山上有桃實共取食之下山取澗水飲見一杯流出中有胡麻飯焉二人喜曰此近人家矣遂度山出一大溪溪邊有二女色甚美顧笑曰劉阮二郎捉杯來耶劉阮異之二女懽然如舊曰來何晚耶即邀還家南壁東壁各有羅帷絳帳命侍女具饌有

胡麻飯山羊脯甚甘美食畢行酒俄有群女持
桃笑曰賀汝壻來酒酣作樂夜半各就一帳宿
婉態殊絶至十日求還苦留半年氣候草木常
似春百鳥啼呴歸思更切二女曰罪根未滅使
君等至此遂指示還路及歸鄉邑零落已七世
矣再往女家尋覓不獲晋太康八年失二人所
在

魏伯陽

魏伯陽吳人性好道術不樂仕宦乃入山作神丹時三弟子知兩弟子心不盡誠丹成試之曰金丹雖成當先試之大犬無患方可服若犬死不可服也伯陽即以丹與犬食之犬即死伯陽曰作丹未成無乃未得神明意耶服之恐復如犬柰何弟子曰先生服之不伯陽曰吾背違世路委家于此不得仙吾亦耻歸死與生同吾當

服之伯陽服丹入口卽死弟子曰師非凡人也服丹而死得無有意乎亦服之入口亦死二弟子乃相謂曰作丹求長生爾今服丹卽死不如不服乃共出山爲伯陽及死弟子求殯具伯陽卽起將煉成妙丹納死弟子及犬口中須臾皆活於是將服丹弟子姓虞者同犬仙去逢入山伐薪人作手書寄謝二弟子當作參同契凡二卷其說似解周易其實假借爻象以寓作丹

之旨

張道陵

張道陵字輔漢子房八世孫身長九尺二寸龐眉廣額朱頂綠睛隆準方頤目有三角伏犀貫頂垂手過膝龍蹲虎步望之儼然漢光武建武十年生於天目山母初夢大人自北魁星中降至地以蘅薇香授之既覺滿室異香經月不散感而有孕及生日黃雲籠室紫氣盈庭室中光氣如日月七歲通道德經河洛圖緯之書皆極

其與舉賢良方正身雖仕而志在修煉入蜀愛蜀中溪嶺深秀遂隱於鶴鳴山弟子有王長者習天文通黄老相與煉龍虎大丹三年丹成真人年六十餘餌之若三十許人與王長入北嵩山遇繡衣使者告曰中峯石室藏上三皇内文黄帝九鼎太清丹經得而修之乃昇天也於是真人齋戒七日入石室欻然有聲掘地取之果得丹書精思修煉能分形散影每泛舟池中誦

經堂上隱几對客杖藜行吟一時並起人皆莫測西城房陵間有白虎神好飲人血每歲其鄉殺人祭之真人召其神戒之遂滅又梓州有大蛇時吐毒霧行人中毒輙死真人以法禁之不復爲害順帝壬午歲正月十五夜真人在鶴鳴山夢覺悄聞鑾佩珊珊天樂隱隱瞪目東瞻見紫雲中素車一乘車中一神人容若氷玉神光照人不可正視車前一人勅真人曰子勿驚怖

部太上老君也真人禮拜老君曰近蜀中有六
大鬼神枉暴生民深可痛惜子其爲吾治之以
福生靈則子功無量而名録丹臺矣乃授以正
一盟威秘籙三清衆經九百三十卷符籙丹竈
秘訣七十二卷雌雄劍二把都功印一枚且曰
與子千日爲期後會閬苑真人乃叩頭領訖曰
吁秘文授法遵修時有八部鬼帥各領鬼兵動
億萬數周行人間暴殺萬民枉夭無數真人奉

老君詔命佩盟威秘籙往青城山置琉璃高座左供大道元始天尊右置三十六部真經立十絶靈幡周匝法席鳴鍾扣磬布龍虎神兵衆鬼即挾兵刃矢石來害真人真人舉手一指化爲一大蓮花拒之鬼衆復持火千餘炬來真人舉手一指鬼反自燒遑謂真人曰師自住峨嵋山何爲來侵奪我居處真人曰汝等殘害衆生所以來伐汝擯之西　方不毛之地奉老君命也自

今速當遠避勿復行病人間如違即當誅戮無留種鬼王不服次日復會六大魔王率鬼兵百萬還攻眞人乃以丹筆一畫衆鬼盡歿惟六魔王仆地不能起扣頭求生眞人不顧復以丹筆一裁此山遂分爲二六魔王欲度不能始大聲哀求願往西方娑羅國居止焉眞人乃許之倒筆再畫六魔羣鬼悉起眞人命王長肴一大石爲橋度之眞人猶欲服其心謂之曰試與爾各

盡法力六魔曰惟命真人投身入火即足履青蓮而出鬼師投火爲火所燒真人入水乘黃龍而出鬼師入水爲水所溺真人以身入石透石而出鬼師投石纔入一寸真人呪神符一道左手指之鬼斃右手指之復生鬼師左右指無生無死鬼師化八大虎猙獰而來真人化一獅子逐之鬼師化八大龍欲來擒師真人化金翅鳥啄龍目睛鬼師作五色雲昏暗天地真人化五

色日炎光輝灼雲即流散鬼帥變化拔窮真人乃化一大石可重萬餘斤以藕絲懸之鬼帥營上令二鼠爭齧其絲欲墮鬼帥同聲哀告再不虐害生民真人遂命六大鬼王歸於北酆八部鬼帥竄於西域鬼衆猶躊躕不去真人乃口勑神符一道飛上層霄須臾風雨雷電刀兵畢至群鬼滅影而遁真人至蒼溪縣雲臺山謂王長曰此山乃吾成功飛騰之地也遂下居修九還

七返之功一日復聆鑾珮天樂之音真人整衣
叩伏見老君千乘萬騎來集雲際徘徊不下真
人再拜老君乃命使者告曰子之功業合得九
真上仙吾昔使子入蜀但區別人鬼以布清淨
之化而子殺鬼過多又擅興風雨役使鬼神陰
景翳晝殺氣穢空殊非大道好生之意上帝正
責子過所以吾不得近子也子且退居勤行修
謝吾待子於無何有鄉上清八景宫中言訖聖

駕昇去真人遂依告文與王長遷鶴鳴山謂弟
子趙昇曰彼處有妖當往除之及至值十二神
女笑迎於山前因問曰此地有醎泉何在神女
曰前大湫是毒龍處之真人遂書一符化爲金
翅鳥向湫上盤旋毒龍驚舍湫而去遂得鹹泉
後居民煮之有鹽十二神女各出一玉環來獻
曰妾等願事箕箒真人受其環以手緝之十二
環合而爲一謂曰吾投此環于井中能得之者

應吾夙命也神女覩解衣入井爭取玉環真人遂掩之盟曰令作井神無得復出彼方之民至今不罹神女之害而獲鹹井之利真人重修二十年乃復領趙昇王長往鶴鳴山一日午時忽見一人黑幘緗衣佩劍捧一玉函進曰奉上清真符召真人遊閬苑須臾有黑龍駕一紫轝玉女二人引真人登車旋踵至闕羣仙禮謁良久忽二青童朱衣絳節前導曰老君至矣乃相與

騰空而上至一殿金堦玉砌或謂真人曰將朝
太上元始天尊也真人整衣趨進殿上移時殿
上勑青童諭真人以正一盟威之法使世世宣
布爲人間天師勸度未悟仍密諭飛昇之期真
人受命乃復還鶴鳴山桓帝永壽元年正月七
日五更初長昇見空中老君駕龍輿命真人乘
白鶴同往成都重演正一盟威之旨說北斗南
斗經畢老君復去真人欲留其神跡乃於雲臺

西北半崖間舉身躍入石壁中自崖頂而出其山因成二洞九月九日在巴西赤城渠亭山中上帝遣使者持玉册授真人正一真人之號諭以行當飛昇真人乃以盟威都功等諸品秘籙斬邪二劍玉册玉印以授其長子衡且謂長昇曰尚有餘丹二子可分餌之今日當隨吾上昇癸亭午群仙儀從畢至天樂擁導於雲臺峰白日昇天時真人年一百二十三歲也

蕭史

蕭史得道好吹簫秦穆公以女弄玉妻之遂教弄玉吹簫作鳳鳴有鳳來止其屋公爲作鳳臺後弄玉乘鳳蕭史乘龍共昇天去

梅福

梅福字子真壽春人仕漢爲南昌尉見王莽專政嘆曰生爲我酷形爲我辱知爲我毒身爲我桎梏遂棄家求仙遍遊鴈蕩南閩諸山至仙霞山遇空同仙君授以内外丹法謂福曰汝緣在飛鴻山福遂往結庵修煉丹成復還壽春一日紫霞霧浮空金童玉女捧詔控鸞下福拜詔辭家乘鸞而去人見福於宋元豐間封壽春真人

黃初平

黃初平晉丹谿人年十五牧羊遇道士引至金華山石室中四十餘年其兄初起尋之不獲後遇道士善卜起問之曰金華山中有一牧羊兒初起即往見初平問羊安在曰在山東往視之但見白石磊磊初平叱之石皆成羊初起亦棄妻子學道後亦成仙

費長房

費長房汝南人曾爲市掾有老翁賣藥于市懸一壺於肆頭及市罷輙跳入壺中市人莫之見惟長房於樓上覩之異焉因往再拜翁曰子明日更來長房旦日果往翁乃與俱入壺中但見玉堂嚴麗旨酒甘肴盈衍其中共飲畢而出翁囑不可與人言後乃就長房樓上曰我仙人也以過見責今事畢當去子寧能相隨乎樓下有

以酒與卿爲別長房使十人扛之猶不能舉翁
笑而以一指提上視器如有一升許而二人飲
之終日不盡長房心欲求道而念家人爲憂翁
知乃斷一青竹使懸之舍後家人見之長房也
以爲縊死大小驚號遂殯殮之長房立其傍而
衆莫之見於是隨翁入山踐荆棘於群虎之中
留使獨處長房亦不恐又卧長房於空室以朽
索懸萬斤石於其上衆蛇競來齧索欲斷長房

亦不移翁還撫之曰子可教也復使食糞中有二蟲臭穢特甚長房意惡之翁曰子幾得道恨於此不成柰何長房辭歸翁與一竹杖曰騎此任所之頃刻至矣至當以杖投葛陂中長房乘杖須臾來歸自謂去家適經旬日而已十餘年矣即以杖投陂顧視則龍也家人謂其歿久驚訝不信長房曰往日所葬竹杖耳乃發塚剖棺杖猶存焉遂能醫療衆病鞭笞百鬼又嘗食

客而使使至宋市鮓須臾還㕥飯桓景嘗學于長房一日謂景曰九月九日汝家有大災可作絳囊盛茱萸繫臂上登高山飲菊花酒禍可消景如其言舉家登山夕還見牛羊雞犬皆暴死焉

藍采和

藍采和不知何許人常衣破襤衫六銙黑木腰帶闊三寸餘一脚着靴一脚跣足夏則衫内加絮冬嘗卧雪中氣出如蒸每於城市乞索持大拍板長三尺餘醉而踏歌老少皆隨看之似狂非狂歌詞率爾而作皆神仙意人莫之測得錢則用繩穿拖之而行或散失亦不顧或贈貧者或與酒家周遊天下人有自兒童時見之者及

班白見之顏狀如故後於濠梁酒樓上飲酒間有笙簫聲忽然乘鶴而上欄下靴衫腰帶拍板冉冉而去

麻衣子

麻衣子姓李名和生而紺髮美姿稍長厭世穢濁遂入終南山忽遇一道者授以道秘戒之曰南陽之間湍水之陽有山靈堂岩洞其旁神開汝鄉汝則往之可以飧神于蒼茫麻衣往求之遇樵者導其處居洞中十有九年晉義熙間大旱居民悲哭率衆請雨麻衣以無術荅之請者不輟是夕有少年十二人謁麻衣曰君再請但

知所逝後有人入山見婢復童顔遍身衣樹皮
行疾如飛入深林不見

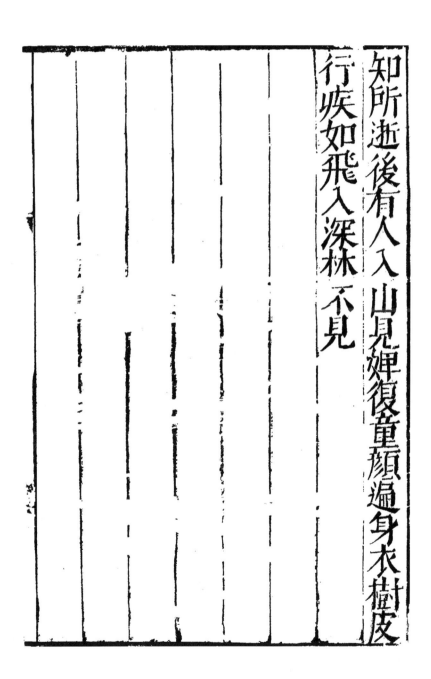

麻姑

麻姑仙人王方平之妹漢桓帝時方平降蔡經之家曰汝當得度世故來教汝但汝氣少肉多未能卽上天當作尸解乃告以要言而去經後忽身發熱如火三日肉消骨立入室以被自覆忽然失其所在視其被中但有形如蛇蜕後十餘年忽還家語家人曰七月七日王君復來當作酒數百斛以待其日方平果著遠遊冠乘五

龍車前後麾節旛旗導衛如大將軍侍從既至
從官皆隱經父兄叅畢方平乃遣人迎麻姑少
頃麻姑至經舉家見之年可十八許頂中作髻
餘髮散垂至腰錦衣綉裳光彩耀目坐定自進
行厨擗麟脯器皆金玉時經婦新産麻姑見之
乃曰噫且止勿前索少許米來擲地皆成丹砂
方平笑曰麻姑猶作少年戲也姑云接侍以來
東海三爲桑田蓬萊水又淺矣方平亦曰聖人

皆言海中將復揚塵也麻姑手似鳥爪蔡經私
念背痒時得此爪搔之佳方平即知乃鞭經背
曰麻姑神人也汝謂其爪可搔背痒耶方平去
麻姑亦辭去

龍眞人傳天遁劍法唐會昌中兩舉進士不第時年六十四歲遊長安酒肆見一羽士青巾白袍偶書絶句於壁曰坐臥常携酒一壺不教雙眼識皇都乾坤許大無名姓踈散人間一丈夫洞賓訝其狀貌奇古詩意飄逸因揖問姓氏羽士曰吾雲房先生也居在終南鶴嶺子能從遊乎洞賓未應雲房因與同憩肆中雲房自爲執炊洞賓忽就枕昏睡夢以擧子赴京狀元及第

始自郎署擢臺諫翰苑秘閣及諸清要無不備
歷兩娶富貴家女生子婚嫁畢幾四十年文
獨相十年權勢薰炙偶被重罪籍沒家資分散
妻孥流于嶺表一身孑然立馬風雪中方興浩
嘆恍然夢覺炊尚未熟雲房笑吟曰黃粱猶未
熟一夢到華胥洞賓驚曰先生知我夢耶雲房
曰子適來之夢升沉萬態榮悴千端五十年間
一瞬耳得不足喜喪不足悲世有大覺而後知

呂洞賓

呂巖字洞賓唐蒲州永樂縣人號純陽方初母就蓐時異香滿室天樂浮空一白鶴自天而下飛入帳中不見生而金形木質鶴頂龜背鳳眼[illegible]入雙眉入鬢少聰明日記萬言矢口成文身長八尺二寸狀類張子房二十不娶始在襁褓馬祖見曰此兒骨相不凡自是風塵物外他時遇廬則居見鍾則扣留心記取後遊廬山遇火

人世一大夢也洞賓感悟遂拜雲房求度世術
雲房試之曰子骨節尚未完欲求度世須更數
世可也悵然別去洞賓即棄儒歸隱雲房自是
十試洞賓 一試洞賓自外遠歸忽見家人皆
病死洞賓心無悔恨但厚備葬具而已須臾死
者皆起無恙第二試洞賓鬻貨於市議定其值
市者翻然止酬其直之半洞賓無所爭委貨而
去第三試洞賓元日出門遇丐者倚門求施洞

賓即與錢物而丐者索取不厭且加詬詈洞賓惟再三笑謝第四試洞賓牧羊山中遇一餓虎奔逐羣羊洞賓獨以身當之虎廼釋去第五試洞賓居山中草舍讀書一女容華絕世光艷照人自言歸寧迷路借此少憩既而調弄百端洞賓竟不爲動第六試洞賓一日郊出及歸則家貲爲盜刼盡洞賓了無慍色躬耕自給忽鋤下見金數十片速掩之一無所取第七試洞賓遇

賣銅器者市之以歸皆金也即訪賣主還之第八試有風狂道士陌上市藥自言服者立死再世得道洞賓買之道士曰子速備後事可也輒服無恙第九試春潦泛溢洞賓與衆其涉至中流風濤掀湧衆皆危懼洞賓端坐不動第十試洞賓獨坐一室忽見奇形怪狀鬼魅無數有欲擊者有欲殺者洞賓絕無所懼忽聞空中一叱聲鬼神皆不復見一人撫掌大笑而下即雲房

也曰吾十試子皆無所動得道必矣吾今授子
黄白之術濟世利物使三千功滿八百行圓方
來度子洞賓曰所作庚辛有變異乎曰三千年
後還本質耳洞賓愀然曰誤三千年後人不願
爲也雲房笑曰子推心如此三千八百悉在是
矣乃携洞賓至鶴嶺悉傳以上真秘訣又以靈
寶畢法及靈丹數粒示洞賓授受間有一仙捧
金簡寶符語雲房曰上帝詔汝爲九天金闕選

仙雲房謂洞賓曰吾赴帝召汝好住人間修功
立德他時亦當如我洞賓再拜曰嚴之志且於
先生必須度盡天下衆生方願上昇也於是雲
房乘雲冉冉而去洞賓既得雲房之道兼火龍
眞人天遁劍法始遊江淮試靈劍遂除蛟害隱
顯變化四百餘年常遊湘潭岳鄂及兩浙汴譙
閒人莫知識自稱回道人宋政和中宮中有祟
白晝見形盜金寶妃嬪上精齋虔禱奏詞凡六

十日晝寢見東華門外有一道士碧蓮冠紫鶴氅手持水晶如意揖上曰臣奉上帝命來治此祟節召一金甲丈夫捉祟劈而啗之且盡上問丈夫何人道士曰此乃陛下所封崇寧眞君關羽也上勉勞再四因問張飛何在羽曰張飛爲臣累刼世世作男子身今已爲陛下生於相州岳家矣上問道士姓名道士曰臣姓陽四月十日生夢覺錄之知其爲洞賓也自是宫禁帖

然遂詔天下有洞賓香火處皆正玅通真人之號其神通玅用不能盡述後岳穆武父果夢張飛託世故以飛命名云

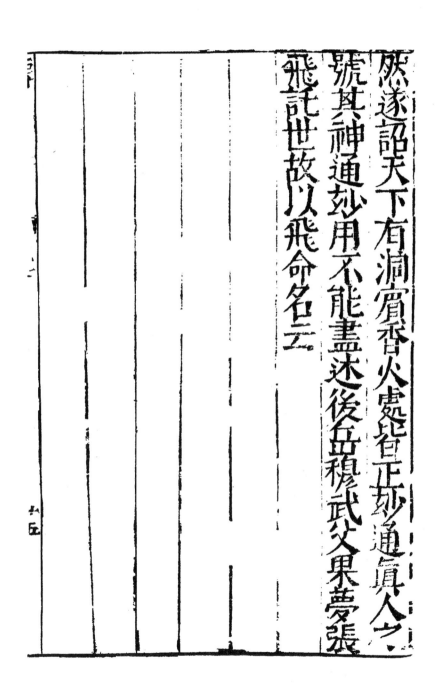

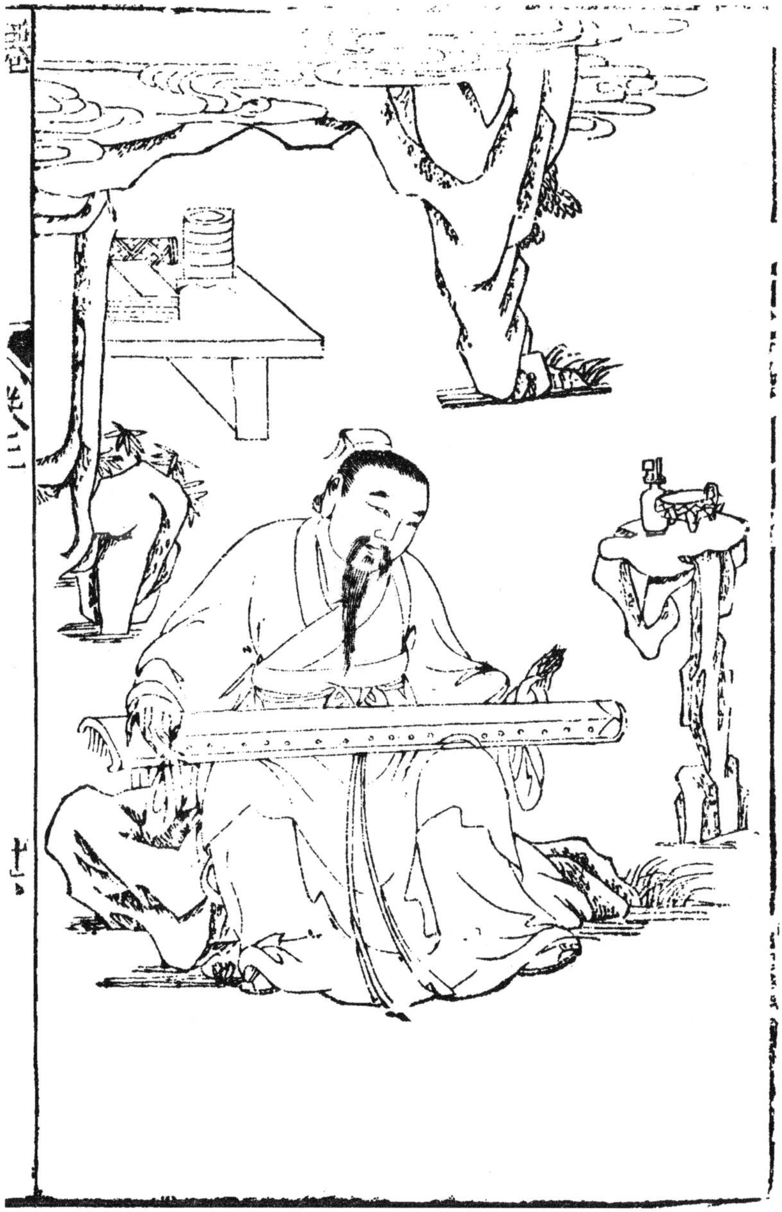

孫登

孫登字公和於汲郡北山上窟中住夏則編草爲裳冬則披髮自覆善長嘯好讀易鼓一絃琴性無喜怒嵇康從之遊三年問其所圖終不答將別謂曰先生竟無言乎登曰子識火乎火生而有光而不用其光果然在於用光人生而有才而不用其才果然在於用才故用光在乎得薪所以保其耀用才在乎識眞所以全其年康

又請學琴登不教之曰子才多識寡難免于今之世矣後康果遭呂安事在獄爲詩自責云昔慚下惠今愧孫登登竟白日昇天

左慈

左慈字元放廬江人於天柱山中精思學道得石室中丹經尤明六甲能使鬼神坐致行廚變化萬象曹操名見閉一室斷穀朞年出之顏色如故操嘗宴賓曰今日高會所少松江鱸耳慈因求銅盆貯水以竿釣之即得鱸操曰恨無蜀薑慈曰易得操恐近取即曰前使買錦可報增二十段慈曰諾乃擲盃空中化鶴而去須臾袖

中出薑後買錦者留果云是日得報增錦操出
郊從者百許慈爲齋酒一升脯一斤手自斟酌
百官莫不醉飽操怪之行視諸壚悉亡其酒脯
矣操惡其怪因收慈欲殺之慈乃卻入壁中霍
然不知所在或見於市捕之而市人皆變形與
慈同莫辨誰是或逢慈於陽城山頭因復逐之
遂奔入羊群操知不可得乃令使告之曰不復
相殺本試君術耳忽有一老羝屈前兩膝人立

而言曰遷如許使欲取之而群羊數百皆變爲
羝竝人立云遷如許亦莫知取焉

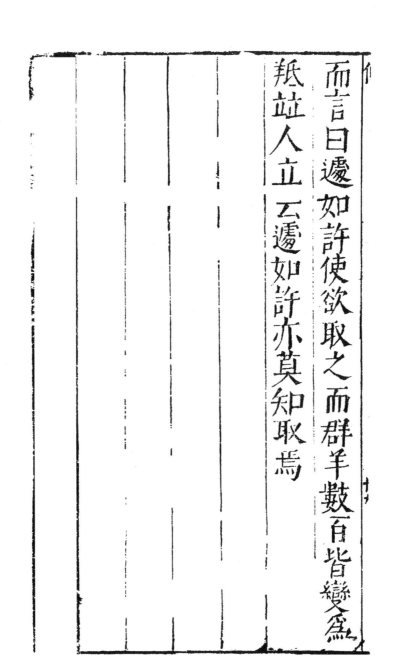

韓湘子

韓湘子字清夫韓文公猶子也落魄不羈遇純陽先生因從游登桃樹墮死而尸解來見文公文公勉之學湘曰湘之學與公異因作詩見志曰青山雲水窟此地是吾家子夜飡瓊液寅晨咀絳霞琴彈碧玉調爐煉白珠砂寶鼎存金虎芝田養白鴉一瓢藏造化三尺斬妖邪解造逡巡酒能開頃刻花有人能學我同共看仙葩公

覽曰子豈能奪造化耶公即爲開樽果成佳醞復聚土無何開碧花一朶花間擁出金字一聯云雲橫秦嶺家何在雪擁藍關馬不前公讀之不解其意湘曰他日自驗未幾公以極諫佛骨事謫官潮州途中遇雪俄有一人冒雪而來乃湘也曰公能憶花間句乎公詢其地即藍關嗟嘆久之曰吾爲汝足此詩即韓集中一封朝奏九重天云云遂與湘宿藍關傳舍公方信湘之

不誣也湘辭去出藥一瓢與公曰服一粒可以
禦癉公愴然留曰公不久即西不惟無恙且當
復用公曰此後復有相見之期乎湘曰前期未
可知也

曹國舅

曹國舅宋太后弟也因其弟每不法殺人深以爲恥遂隱跡山巖精思玄理野服葛巾經旬不食一日遇鍾離純陽二仙問曰聞子修養所養何物對曰養道曰道何在舅指天曰天何在舅指心二仙笑謂曰心即天天即道子親見本來面目矣遂授以還真秘術引入仙班

許眞君

許遜字敬之號眞君南昌人吳赤烏二年母夢金鳳啣珠墜於掌上翫而吞之因是有娠而生眞君少小疎通與物無忤嘗從獵射一麀鹿中之而麑鹿母皇顧舐之因感悟折棄弓矢尅意爲學博通經史尤嗜神仙修煉之術聞西安吳猛得丁義神方乃往師之悉受其秘日以脩煉爲事時買一鐵燈檠因夜燃燈見漆剝處有光

視之金也明日訪售主還之晉武帝太康元年舉孝廉辟爲旌陽縣令吏民悅服歲饑民無以輸眞君乃以靈丹點瓦礫成金令人潛瘞於縣圃一日籍民之未輸者使服力於圃民鋤地得金用以輸納遂悉安堵又歲大疫死者十七八眞君以所得神方拯治之他郡病民相繼而至於是標竹於郭外置符水於其中使就竹下飲之皆瘥久之知晉室將亂乃弃官東歸嘗憩於

栢林有女童五人各持寶劒來獻眞君異而受之既而偕至眞君之家惟日擊劒自娛眞君知其劒仙也卒獲神劒之用既而與吳君遊於丹陽黃堂聞諶姆多道術遂同往叩以道玅姆曰昔孝悌王下降曲阜蘭公家謂蘭公曰後晉代當有神仙許遜傳吾此道留下金丹寶經銅符鐵券授吾掌之以俟子積有年矣今當授子乃擇日登壇出孝悌王諸秘悉傳之眞君方心期

每歲必來謁媽媽即覺之曰子勿來吾即還帝鄉矣因取香茅一根南望擲之曰子歸茅落處立吾祠歲秋一至足矣二君還覓訪飛茅之迹遂建祠宇每歲仲秋之三日必朝謁焉初眞君往訪飛茅偶憇眞靖見鄉民咸烹宰以祀神且相戒曰祭不腆則神怒降禍眞君曰恠祟敢爾乃召風雷伐之拔其林木明日告其里人曰妖社已驅毋用祭也又見人昔遠汲乃以杖刺社

前涸澤出泉以濟之雖旱不竭渡小蜀江感江
千主人朱氏迎接甚勤乃戲畫一松於其壁其
家因之得利加倍後江漲潰堤市舍俱漂惟松
壁不壞眞君往西安縣行過一小廟廟神迎告
曰此有蛟害民知仙君來逃往鄂渚矣眞君至
鄂渚路逢三老人指曰蛟伏前橋下眞君至橋
仗劍叱之妖蛟驚奔入大江匿于深淵乃勑吏
兵驅出遂誅之時海昏之上繚有巨蛇據山爲

穴吐氣成雲亘四十里人畜在其氣中者俱被
吞吸大爲民害眞君聞之乃集弟子遂前至蛇
所伏劍布炁蛇懼入穴乃飛符召海昏社伯驅
之蛇始入穴舉手高十餘丈目若火炬吐毒衝
天眞君嘯命風雷呼指神兵以攝伏之使不得
動乃飛步踏其首以劍劈其顙弟子施岑甘戰
等引兵揮之蛇腹裂有小蛇自腹中出長數丈
甘君欲斬之眞君曰彼未爲害不可妄誅一千

二百五十餘年後爲民害吾當復出誅之以吾壇前植栢爲驗其枝拂壇掃地是其時也又預讖云吾仙去後一千二百四十年間豫章之境五陵之内當出地仙八百人此時小蛇若爲害彼八百人自當誅之蛇子遂得入江眞君曰大蛇雖滅蛟精未誅恐其後隤潰郡城吾歸郡乎乃與甘施二君歸郡周覽城邑遇一少年通謁自稱姓愼禮貌勤恪應對敏給遽告眞君謂弟

子曰適來者非人即老蛟故來見試也逝其所之乃在郡城江滸化黃牛臥沙磧之上眞君剪紙化黑牛往鬬之令施岑潛持劍往俟其鬬酣即揮之施君一揮中其左股牛奔入城南直至長沙化爲人入賈玉使君之家先是蛟精嘗暮玉之美女化爲一美少年謁之玉愛其才乃妻以女居數載生二子常以春夏之交孑然而出至秋則乘巨艦重載而歸蓋乘春夏大水覆舟

所獲也是秋空還紿玉云財貨爲盜所刼且傷左股玉求醫療之眞君即爲醫士謁玉玉喜召壻出蛟精覺懼不敢出眞君隨至其堂厲聲叱曰江湖蛟精害物不淺吾尋蹤至此豈容復藏速出蛟精計窮遂見本形蜿蜒堂下爲吏兵所誅眞君以法水噀其二子亦皆爲小蛟併誅之眞君謂玉曰蛟精所居其下深不踰尺皆洪波也可速徙居玉乃遷高原其地果陷爲淵眞君

復還豫章而蛟之餘黨甚盛盧眞君誅之皆化爲人詭言曰僕家長安積世崇善遠聞賢師許君有神劒願聞其功弟子語之曰吾師神劒指天天裂指地地折萬邪不敢當神聖之寶也蛟黨曰亦有不能傷者乎弟子戲之曰惟不能傷冬瓜葫蘆爾蛟黨以爲誠然盡化爲葫蘆冬瓜浮泛满江眞君知爲蛟黨所化以劒授施岑履水斬之悉無噍類由是水妖屏迹城邑無虞明

帝太寧二年大將軍王敦舉兵內向次慈湖貞
君與吳君同往謁敦冀說止之時郭璞在幕府
因璞與俱見敦喜延之飲而問曰予夢一木破
天君等以為何如貞君曰非佳兆也吳君曰木
上破天未字也公宜未可妄動敦色變令璞筮
之璞曰無成敦怒令武士擒璞斬之貞君乃舉
杯擲地化為白鵠飛繞梁棟敦一舉目已失二
君所在後敦見二君還至金陵欲買舟至豫章

而舟人告以之刺舟者眞君曰爾但瞑目安坐
切勿覘視吾自爲汝驅之默召二龍挾舟而行
舟漸凌空俄過廬山頂至紫霄峯金闕洞舟人
拜求濟度眞君教以服餌靈草遂得辟穀不飢
隱於此山二君各乘一龍以歸舊隱數十年間
不復以時事關意惟精修至道孝武寧康二年
眞君一百三十六歲八月朔旦有二仙自天而
下云奉玉皇命授眞人以九州都仙太史高明

大使之職并告以沖舉之日遂乘雲車而去見
月望日遙聞天樂之音祥雲冉冉羽蓋龍輿從
官兵衛仙童玉女前後導從乃揖眞君昇龍車
眞君與其父族侍從肝列與其母部侍從仙眷
四十二口同時白日拔宅昇天雞犬亦隨百里
之内異香芬馥經月不散

葛仙公

葛玄字孝先丹陽句容人號曰葛仙公從左慈受丹液仙經嘗與客食言及變化之事客曰願先生作一事爲戲玄曰君得無促促欲有所見乎乃嗽口中飯盡成大蜂數百集客身有間玄張口蜂皆飛入嚼之是舊飯也能指石人使行指蝦蟆及諸昆蟲燕雀之屬歌舞絃節皆如人狀或宴客冬設生瓜棗夏致冰雪無人傳杯杯

自至前如酒不盡杯不去也晉武帝召問曰[illegible]
姓思雨可致乎玄曰易耳乃書符著社中俄頃
大雨偶行過一神廟凡過者離百步下車否則
有警仙公乃命車直趍輒大風驟起塵埃蔽天
仙公怒曰小邪敢爾乃書一符令從者投廟中
廟屋自焚過武康見一人家病作請巫祀妖邪
邪附巫者與仙公飲仙公故不飲而妖邪出語
不遜仙公厲聲叱曰奸鬼敢爾敕五伯拽妖邪

頭附桂鞭持出血流地妖邪伏罪乃止過華陰見一士人溺于蛇精仙公化作一田夫驅黃犢而耕因説士人曰汝婦蛇精也前後啖人不計其數士人不之信乃引士人看古井井中白骨盈積士人恐遂教士人容窺其跡士人乃窺之果蛇也仙公禁而斬之郎以一符與士人服郎瀉下蚯蚓蝦蟆之類無數遂得全生嘗在荆門紫蓋山修煉值天寒大凍仙公跣足衣衫襤

纔時有屈家二女偶見憐之貧夜促成雙履次
日獻之仙公已去但存爐灰尚温二女撥灰得
丹一粒姊妹分而服之自後神氣沖沖不饑不
渴時人咸謂得仙矣嘗從吳主各船行至三江
口遇風船多漂没仙公船亦不知所在吳主嘆
曰葛仙公有道何不能免此踰宿忽見仙公水
上步來既至尚有酒態謝曰昨伍子胥强邀留
飲是以淹屈陛下嘗于西峯石壁上石臼之中

搗藥遺墜一粟許有飛禽遇而食之遂得不死至今月白風清之夜其禽猶作丁當杵臼之聲名曰搗藥鳥仙人琴高聞仙公得道自東海跨雙鯉來訪仙公與之酣飲既醉高卧白雲間酒醒雙鯉化爲石矣仙公贈以雙鶴跨之而還石至今存嘗有客從仙公泛舟見囊中有十數符客曰此符驗可見不仙公即取一符投水中逐水而下客曰常人投之亦然仙公復取一符投之

之一水而上客曰異矣仙公復取一符投之郎
不上不下須臾上符下符會于中流良乂收之
又于水濵見鬻大魚者謂魚主曰欲假此魚到
河伯魚者曰已死矣曰亦可以丹書紙納魚口
中投于水躍然而去如此神異不能盡述後仙
去

何仙姑

姑廣州增城縣何泰女也生而頂有六毫四五夢神人教曰食雲母粉當輕身不死餌之遂誓不嫁常往來山谷其行如飛每朝暮則持山菓歸遺其母後漸辟穀武后遣使赴闕中路復失去景龍中白日昇仙天寶九兄于麻姑壇立五色雲中大曆中又現身于廣州小石樓

張果

張果隱於恒州中條山往來汾晉間得長生秘術常乘一白驢日行數萬里休息時折疊之其厚如紙置于巾箱中乘則以水噀之復成驢唐太宗高宗徵之不起武后召之出山佯死於妬女廟前時方炎暑須臾臭爛生蟲於是則天信其死矣後有人於恒州山中復見之開元二十三年明皇詔通事舍人裴晤馳驛於恒州迎之

果到東京於集賢院安置備加禮敬帝問神仙不答吾息氣累日不食數飲酒上賜之酒辭曰小臣飲不過二升有一弟子可飲一斗明皇喜令召之俄頃一小道士自殿簷飛下年可十五六美姿容步趣閑雅明皇命坐果曰弟子當侍立明皇愈喜賜酒飲及一小斗果辭曰不可更賜過度明皇因逼賜之醉酒從頂上湧出冠衝落地忽化爲金榼上及嬪御皆驚笑視之失道

士矣但金榼在地驗之乃集賢院中榼也榼僅
貯一斗酒帝謂高力士曰吾聞飲量而無若者
奇士也時天寒因取以飲梁三進頹然曰非佳
酒也乃寢須視齒焦縮顧左右取如意擊墮之
藏帶中出藥傅之良久齒復出粲然如玉上符
咸陽獲一大鹿將令大官烹之果曰此仙鹿也
已滿千歲昔漢武帝元狩五年臣曾侍從畋于
上林獲此鹿乃放之上曰鹿多矣時遷代變豈

常存乎果曰武帝放之時以銅牌誌於左角下遂命驗之果有銅牌二寸許但文字凋落耳上問葉法善曰果何人也答曰臣知之然臣言之即死故不敢言若陛下能免冠跣足救臣臣方敢言上許之法善曰混沌初分白蝙蝠精言未絶七竅流血僵仆於地上遽詣果所免冠跣足自稱其罪果徐曰此兒多口過不罰之恐泄天地之機耳上復哀懇久之果以水噀其面法善

即時復生帝益重之詔圖形集賢院號通玄先
生果屢陳老病乞歸恒州天寶初明皇遣使徵
果果聞輙卒弟子葬之後發棺但空棺而已帝
立棲霞觀祀之

黃野人

黃野人葛洪弟子洪棲山煉丹野人常隨之洪既仙去留丹于羅浮山柱石之間野人得一粒服之爲地行仙後有人遊羅浮宿石巖間中夜見一人無衣而紺毛覆体意必仙也乃再拜問道其人了不顧但長笑數聲聲振林木復歌曰雲來萬嶺動雲去天一色長笑兩三聲空山秋月白其人歸道其形容即野人也

司馬眞人

司馬承禎字子微事潘師正傳辟穀導引之術遍遊名山唐睿宗迎至京帝問其術對曰爲道日損損之又損以至於無爲帝曰治身則爾治國若何對曰身猶國也游心於淡合氣於漠與物自然而無容私焉則天下治帝嘆詠曰廣成子之言何以加此辭歸天台盧藏用指終南山曰此中大有佳處何必天台對曰以僕觀之是

仕宦之捷徑爾盧初隱終南後登庸聞言殊有
慚色開元中文靖天師與承禎赴千秋節齋直
長生殿中夜行道畢隔雲屏各就枕微聞君小
見誦經聲玲玲如金玉天師乃褰裳躡步聽之
見承禎額上有一小日如錢光耀一席逼而視
之乃承禎腦中之聲也天師還謂其徒曰黄庭
經云泥丸九眞皆有房方圓一寸處此中先生
之謂乎一日謂弟子曰吾今為東華君所召必

須往俄頃化去如蟬脫弟子葬其衣冠焉時年
八十有八有修眞秘旨坐忘論等書行於世

王質

王質晉衢州人入山伐木至石室山見石室中有數老人圍棋質置其斧觀之老人以物如棗核與質令含咽其汁便不覺饑渴且告云汝來已久可還質取斧柯已盡爛矣質亟歸家已數百年親舊無復存者復入山得道人往往見之

陶弘景

陶弘景字通明秣陵人初母夢青龍自懷而出已而有娠生而幼有異操十歲見葛洪神仙傳晝夜研尋謂人曰仰青雲覩白日不覺爲遠矣及長身長七尺七寸神儀明秀朗目踈眉耳各有七十餘毛出外二寸許右膝有數十黑子作七星文讀書萬卷善琴棋工草隸弱冠齊高帝作相引爲諸王侍讀雖在朱門閉影不交外物

惟以披閱爲務永明十年脫朝服掛神武門上
表辭祿詔許之乃止于句容之茅山立館號曰
華陽隱居徧歷名山尋訪仙藥每經澗谷必坐
臥其間吟詠盤桓不能已沈約爲東陽守高其
志節累書邀之竟不至弘景爲人員通謙謹出
處冥會心如明鏡遇物便了永元初架三層樓
弘景處其上與物遂絕惟一家僮得至其所元
善騎射晚皆不爲雅聽吹笙而已特愛松風庭

院皆植松每聞其響欣然爲樂有時獨游泉石望見者咸以爲仙人及梁武禪代弘景援引圖讖數處皆成梁字令弟子進之武帝恩禮愈篤及得神符秘訣以爲神丹可成而苦無藥物帝給黃金朱砂等物乃合飛丹色如霜雪服之體輕帝服亦驗益敬重之屢加禮聘並不就惟畫兩牛一牛散放水草之間一牛著金籠頭有人執繩以策驅之武帝笑曰此人欲斆曳尾之龜

豈可復致國家每有大事無不咨之時謂山中宰相年逾八十無異壯容後簡文帝臨南徐州欽其風素退居後堂召之弘景葛巾進見與談數日而去帝甚爲敬異其弟子桓闓得道將昇天弘景問曰某行教修道勤亦至矣得非有過尙淹延在世乎乃托闓探之闓昇天後還謂弘景曰師之陰功極著但所修本草多用䖟虫水蛭之類功雖及人亦傷命物以此一紀後方觧

形拂世為蓬萊都水監耳弘景復以草木之藥可代物命者著别行本草三卷以贖其過一日無疾自知應逝逆剋亡日仍作告逝詩大同二年卒時年八十五顏色不變屈伸如常香氣累日氤氳滿山

裴航

裴航唐長慶中書生因下第遊于鄂渚謁故舊崔相國相國贈錢二十萬遂挈歸于京因傭巨舟載於襄漢間同載有樊夫人國色也航無由覩面因侍婢裊烟而達詩一章曰向爲胡越猶懷想況遇天仙隔錦屛儻若玉京朝會去願隨鸞鶴入青冥數日後夫人亦使裊烟答詩一章云一飲瓊漿百感生玄霜擣盡見雲英藍橋便

是神仙窟何必崎嶇上玉京航覽之空愧佩而
已然亦不能洞達詩之旨意及抵襄漢夫人使
婢挈粧奩不辭而去航遍求訪竟無蹤兆後經
藍橋驛因渴甚下道求飲見茅屋三四間有老
嫗緝麻其下航揖嫗求漿嫗咄曰雲英擎一甌
漿來郎君飲航憶夫人詩有雲英之句正訝之
俄葦箔之下雙手如玉捧出瓷甌航接飲之不
啻玉液也因還甌遽揭箔見一女子光彩照人

航愛慕不已因白嫗曰其僕馬甚乏願少憩於此嫗曰任郎君自便耳良久告嫗曰向睹小娘子艶麗驚人姿容耀世所以躊躕而不能去願納厚禮而娶之可乎嫗曰老病只有此孫女昨有神仙與靈藥一刀圭但須玉杵臼擣之百日方可就吞若欲娶此女者須得玉杵臼其餘金帛吾無用處耳航拜謝曰願以百日爲期必携杵臼至幸無復許人嫗曰如約航至京遍訪玉

杵臼忽遇一貨玉翁曰近有一玉杵臼非二百緡不可得航乃傾囊兼賣僕馬方及其值輒步驟獨携而抵藍橋嫗見大笑曰世間有如此信士乎遂許以為婚女亦微笑曰雖然更為擣藥百日方議婚好嫗於襟帶間解藥付航航即擣之每夜猶聞擣藥聲航窺之見玉兔持杵而舂百日足嫗持藥而吞之曰吾當入洞而告姻戚為裴郎具幃帳遂挈女入山謂航曰但少留此

逡巡車馬隸人迎航見一大第連雲朱扉晃日仙童侍女引航入帳就禮訖航拜嫗不任感荷及引見諸姻戚皆神仙中人一女仙鬟髻霓衣云是妻之姊航拜訖女仙曰裴郎不意鄞渚同舟而抵襄漢乎航愧謝左右曰是小娘子之姊雲翹夫人劉綱仙君之妻也已列高眞爲玉皇之女史嫗遂將航夫妻入玉峯洞中瓊樓珠室而居之餌以絳雪瓊英之丹體漸清虛毛髮紺

緑神化自在超爲上仙至太和中友人盧顥遇
之於藍橋驛之西備說得道之事乃贈藍田美
玉十斤紫府雲丹一粒顥稽顙請曰兄既得道
乞一言惠教航曰老子云虛其心實其腹顥猶
懵然復語之曰心多妄想腹漏精液虛實可知
也言訖忽不見

孫思邈

孫思邈華原人七歲日誦千言獨孤信見之曰聖童也顧器大難爲用耳及長好談老莊隱於太白山學道鍊氣養神求度世之術洞曉天文精究醫藥務行陰德偶見牧童傷小蛇血出思邈脫衣贖而救之旬餘出遊見一白衣少年下馬拜謝曰吾弟蒙道者所救復邀思邈至家易以巳馬偕行如飛至一城郭花木盛開金碧炳

耀儼若王者居見一人給幘絳衣侍從甚衆祈
喜趨接謝曰深蒙厚恩故遣兒子相迎因指一
青衣小兒云前者此兒獨出爲牧豎所傷賴道
者脫衣贖救得有今日乃令青衣小兒拜謝恩
邈始省昔日救蛇事潛問左右此爲何所對曰
此涇陽水府也絳衣王者命設酒饌妓樂宴思
邈思邈辭以辟穀服氣惟飲酒耳留連三日乃
以輕綃金珠相贈思邈堅辭不受乃命其子取

龍宮奇方三十首與思邈曰此可以助道者濟
世救人思邈歸以是方歷試皆効乃編入千金
方中脩文帝徵爲國子博士不就至唐太宗召
始詣京師永徽三年年已百餘歲一日沐浴衣
冠端坐謂子孫曰吾今將遊無何有之鄉矣俄
而氣絶月餘顏色不變及入棺唯空衣焉後皇
幸蜀夢思邈乞武都雄黄命中使齎十斤送
於峨眉頂上見一人幅巾被褐鬢眉皓白指大

盤石曰可置藥於此石上有表録謝使視石上
大書百餘字遂録之隨寫隨滅須臾白氣漫起
因忽不見成都有一僧誦法華經甚專忽一日
有僕人至云先生請師誦經經過煙霞中入
山居先生野服杖藜兩耳垂肩焚香出聽誦經
遂供僧以藤盤竹箸秫飯一盂杞菊數甌僧食
之美若甘露復贈錢一緡僕送出路口僧因問
曰先生何姓曰姓孫曰何名僕於掌中手書思

邈二字僧大駭視僕遽失不見視錢匣皆金錢也
僧自此身輕無疾後莫知所之

譚峭

譚峭字景升幼而聰敏文史涉目無遺獨好黃老仙傳一旦告父母出遊終南山師嵩山道士十餘年得辟穀養氣之術常醉遊夏則服烏裘冬則衣布衫或臥風雪中人謂已斃視之氣休休然頗似風狂每行吟曰線作長江扇作天靸鞋拋在海東邊蓬萊信道無多路只在譚生拄杖前後居南嶽煉丹丹成服之後遂仙去

許宣平

許宣平新安歙縣人唐睿宗景雲中隱於城陽山南塢結庵以居不修服餌顏若四十許人時負薪賣於市擔上常掛一花瓢攜曲竹杖每醉吟騰騰以歸吟曰負薪朝出賣沽酒日西歸借問家何處穿雲入翠微往來三十餘年或拯人危急或救人疾苦士人多訪之不得見但見庵壁題詩曰隱居三十載築室南山巔靜夜翫明

月開朝飲碧泉樵人歌隴上谷鳥戲巖前樂矣不知老都忘甲子年天寶中李白知宣平爲仙於是遊新安訪之亦不得見乃題詩於庵壁曰我吟傳舍詩來訪仙人居烟嶺迷髙迹雲林隔太虛窺庭但蕭索倚杖空躊躇應化遼天鶴歸當千歲餘宣平歸見壁詩乃自題曰一池荷葉衣無盡兩畝黄精食有餘又被人來尋討移庵不免更深居其庵輒爲野火所燒莫知蹤跡後

百餘歲至懿宗咸通十二年許明恕婢入山採樵一日獨於南山中見一人坐石上食桃問婢曰汝許明恕家婢耶婢曰是曰我即明恕之祖宣平也汝歸爲我向明恕道我在此山中與汝一桃即食之不得將出山山神惜此桃且虎狼甚多也婢食之甚美須臾而盡乃遣婢隨樵人歸婢覺雜擔甚輕到家具言入山逢祖翁宣平明恕怒婢呼祖諱取杖擊之其婢隨杖身起不

許之麻衣惟而 逝之翌日果大雨十一人復奠
拜曰吾居劉龍也上帝以師道業成令輔師行化
耳劉宋大明初年百有一歲儼坐而尸解

玄眞子

張志和字不同唐金華人母夢楓生腹上而生肅宗擢明經賜名志和命待詔翰林後親喪不復仕遨遊江湖自號烟霞釣徒又號玄眞子垂釣不設餌志不在魚也飲酒三斗不醉守眞養氣臥雪不寒入水不濡每酒酣鋪席水上獨坐而酌席來去如舟俄有雲鶴旋後其上遂躡鶴而昇

軒轅集

軒轅集不知何許人相傳數百歲顏色不老坐暗室目光長數丈每採藥於岩谷則毒龍猛獸隨之若爲衛護居常人家請齋者雖百處皆分身而至與人飲酒則袖出一壺纔容二升賓客滿座傾之彌日不竭自飲百升不醉遇病者以布巾拂之應手而愈宣宗召入問長生可致不答曰絶聲色薄滋味哀樂一致德施無偏自然

與天地合德日月齊明況長生久視乎及退上以金盆覆白鵲令中使試之集曰皇帝安能更令老夫射覆乎盆下白鵲宜早放之上笑曰先生早知矣命坐御榻前令宫人侍茶湯集貌古而布素宫人有笑之者元鬢髮朱唇年方二八須臾變爲老嫗鬢髮皤然因涕泣不已上令謝之即復故步京師素無荳蔻荔枝花上因語及頃刻二花並至枝葉如新時坐有相子集曰臣

山中亦有味更佳上曰無緣得矣集乃取御前
碧玉甌以寶盤覆之俄頃徹盤相子幾滿上食
之嘆曰美無比又問曰朕得幾年天子集取筆
書四十年但十字一起上笑曰朕安敢望四十
年乎久之辭還山命中使送之每見甚於一布
囊乃探錢施人比至江陵已施數十萬取之不
竭未及至山忽亡所在不日南海奏先生已歸
羅浮矣 及宴駕只四十年也

陳希夷

陳摶字圖南號扶搖子亳州眞源人初生不能言至四五歲戲渦水水濱有青衣媪引置懷中乳之卽能言敏悟過人及長經史一覽無遺先生曰向所學但足記姓名而已吾將遊泰山與安期黃石輩論出世法安能與世俯仰汩没出入生死輪廻間哉乃盡散家業惟携一石鐺而去梁唐士大夫挹其清風得識其面如覩景星

溫有五色雲封谷口彌月不散年一百一十八歲初兵紛時太祖之母挑太祖太宗於籃以避亂先生遇之卽吟曰莫道當今無天子却將天子上擔挑又遇太祖太宗與趙普遊長安市入酒肆普坐太祖太宗之右先生曰汝紫微垣一小星爾輒處上次可乎种放初從先生先生曰汝當逢明王名馳海內但惜天地間無完名子名將起必有物敗之可戒也放晚年竟喪清節

皆如其言有郭沆者少居華陰嘗宿觀下中夜
先生呼令速歸且與之俱往一二里許有人號
呼報其母卒先生因遺以藥使急去可救既至
灌其藥遂甦華陰令王睦謂先生曰先生居溪
巖寢止何室先生且笑且吟曰華山高處是吾
宮出即凌空跨曉風臺榭不將金鎖閉來時自
有白雲封一日有一客過訪先生適值其睡見
傍有一異人聽其息聲以黑筆記之滿紙糊塗

雷隱翁

雷隱翁名本少磊落不羣既長業進士再試卽棄去默坐終日或誚其癡翁咲曰終不以吾癡易汝黠一日以術授其子遂出遊不返宋元祐間有朝士遊羅浮山見翁坐於樹下自吟一絕云往往來來三十年更無蹤跡落人間功成行滿昇天去回首山頭月正圓

莫辨客怪而問之其人曰此先生華胥謁混沌
譜也先生嘗過毛女毛女贈之詩詩云藥苗不
滿笥又更上危巔回指歸去路相將入翠烟太
宗聞先生善相人遣詣南衙見真宗及門亟還
問其故曰廝役皆將相也何必見王於是建儲
之議遂定先生以易數授穆伯長穆授李挺之
李授邵康節以象學授种放放授廬江許堅堅
授范諤至今槽栢猶存也

慶雲欻然先生皆莫與交唐明宗親爲手詔召之
先生至長揖不拜明宗待之愈謹以宮女三人
賜先生先生賦詩謝曰雪爲肌體玉爲腮多謝
君王送得來處士不興巫峽夢空煩雲雨下陽
臺遂遯去隱武當山九石巖服氣辟穀凡二十
餘年復移居華山時年已七十餘矣常閉門臥
累月不起周世宗顯德中有樵於山麓見遺骸
生塵迫而視之乃先生也良久起曰睡酣奚爲

擾我 後世宗召見賜號曰雲先生一 日乘驢遊華陰聞宋太祖登極拍掌大笑曰天下自此定矣太祖召不至再召辭曰九重仙詔休教丹鳳啣來一片野心已被白雲留住太宗初年始赴召惟求一靜室乃賜居於建隆觀扃戶熟寐月餘方起辭去賜號希夷先生一日遣門人鑿石室於張超谷既成先生往造之曰吾其歸於此乎遂以左手支頤而終七日容色不變肢體尚

馬自然

馬湘字自然獨好經史工文學嘗與道侶徧游方外至湖州醉墮霅溪經日而出衣不沾濕言爲項羽相召飲指溪水令逆流指鄰樹令隨水往來去指橋令斷復續一切小術無所不爲人或有疾告者自然無藥但以竹拄杖打患處或以杖指之口吹杖頭作雷鳴便愈有以財帛謝者固讓不取強與之輒散與貧人登杭州秦望

山作詩曰太一初分何處尋空留歷數變人心九天日月移朝暮萬里山川自古今風動水光吞遠徼雨添嵐氣沒高林秦皇謾作驅山計滄海茫茫轉更深後歸省兄兄適出謂嫂曰特歸與兄分此宅我惟愛東園耳待兄三日不歸遽卒明日兄歸感慟曰弟學道多年是歸託化以絕望耳乃棺斂遂窆之東園明年東川奏梓潼縣道士馬自然白日上昇詔杭州發其棺只

一竹杖而已

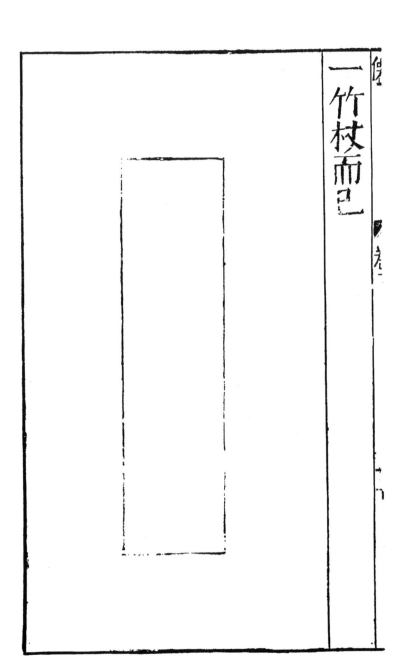

張紫陽

張伯端天台人少好學晚傳混元之道而未備孜孜訪問徧歷四方宋熙寧二年遊蜀遇劉海蟾授金液還丹火候之訣乃改名用成字平叔號紫陽嘗有一僧修戒定慧能入定出神數百里間頃刻即到與紫陽雅志契合一日紫陽曰禪師今日能與遠遊乎僧曰可願同往楊州觀瓊花紫陽於是與僧處一靜室相對瞑目趺坐

出神紫陽至時僧以先至遶花三匝紫陽曰可折一花爲記少頃欠伸而覺紫陽曰禪師瓊花何在禪師袖手皆空紫陽乃拈出瓊花與僧把翫弟子因問紫陽曰同一神遊何以有有無之異紫陽曰我金丹大道性命兼修是故聚則成形散則成氣所至之地眞神見形謂之陽神彼之所修欲速見功不復修命直修性宗故所至之地無復形影謂之陰神陰神不能動物也英

宗治平中訪扶風馬默處厚於河東乃以所著
悟眞篇授處厚曰平生所學盡在是矣願公流
布此書當有因書而會意者元豐五年夏趺坐
而化住世九十九歲弟子用火燒化得舍利千
百大者如芡實色皆紺碧識者謂曰此道書所
謂舍利耀金姿也後七年劉奉眞遇紫陽於王
屋出留詩一張而去

李阜渧

李阜渧宋紹聖初劉延仲寓秀州嘗有道人過門或從求藥則以阜渧和垢膩爲丸與之病立效因自號李阜渧延仲延之坐曰今日適無酒爲禮道人笑曰床頭珍珠泉一尊何不出以待客劉大慚呼童取尊道人曰不必取但將空尊來尊至索紙覆之少焉香溢於外成美酒矣坐者皆醉明日劉有他客出所謂珍珠泉者向尊

中無涓滴矣一日詣劉别云後二十年某月某
日當於眞州相見至期劉卒於眞州

歸元子

洞字徹通少遇異人傳還元抱一之道因號歸元子初隱蓬山後賣藥蜀漢間行動如飛然主人每夕怪其屋有聲因窺之見其身自而升觸棟而止或於枯骸中得物如雀卵持問洞洞曰繇服神丹而不能修煉故純陰剝無陽與俱烬就丹思成此耳唐末王建圍成洞亦在城中城久不下建約城陷日誅夷無

唯類洞乃施席作法籠攝建與三軍皆見神人
乘黑雲叱建曰敢有禍吾民者禍即反汝建等
怖伏後入成都戒兵勿殺民不敢肆洞賫册藥
每一粒要錢十二萬時有其太守欲買之曰太
守金多非一百二十萬不可太守以爲移言惑
衆命納之竹籠沉於江中至涪陵上流一漁人
乘舟而漁舉網出之乃洞也漁曰此必異人入
定乎扣銅笙竊之少頃洞開目問漁人曰此去

銅梁幾何有三都乎漁人曰我自石江入此去銅梁門百里自是而東即豐都縣平都山仙都觀也洞曰吾師謂吾遇三都白石浮水乃仙去殆此進耶洞既登岸語二漁人曰視子類有道者亦有所傳乎二漁曰我昔從海上仙人得三一之旨煉陽修陰亦有年矣洞於是索酒與飲取丹分餌之至荔枝園中三人昇雲而去

白玉蟾

葛長庚宋瓊州人毋以白玉蟾名之應夢也年十二應童子科後隱居于武夷山號東瓊子事陳翠虛九年始得其道蓬頭跣足一衲弊甚喜飲酒未見其醉博洽儒書出言成章嘗自讚云千古蓬頭跣足一生服氣飡霞笑指武夷山下白雲深處吾家雷印常佩肘間祈禱則有異應時言休咎驚省聾俗嘗在京都遊西湖至暮墮

水舟人驚尋不見達旦則玉蟾在水上猶酣鯀也一日有持刀追脅者玉蟾叱其人刀向墮而丞玉蟾招之曰汝來勿驚以刀還之時稱玉蟾入水不濡逢兵不害宋嘉定中詔徵赴闕對玉稱旨命館太一宫一日不知所往後每往來名山神異莫測

陳泥丸

陳楠字南木號翠虛博羅人以盤櫳箍桶爲生後得太乙刀圭金丹法於毘陵禪師得景霄大雷琅書於黎姥山神人能以符水捻土愈病時人呼之爲陳泥丸時披髮日行四五百里鶉衣百結塵垢滿身善食犬肉終日爛醉嘗之蒼梧遇郡禱旱翠虛執鐵鞭下潭驅龍須臾雷雨交作過三山大義渡洪流舟不敢行翠虛浮笠而

濟行欽管道中遇羣盜戕殺之瘞三日盜散復甦遊長沙衡師節執拘送邕州獄數夕又回長沙矣中夜坐或倉水銀越宿成白金以丹法授白玉蟾寧宗嘉定間於漳入水而解去

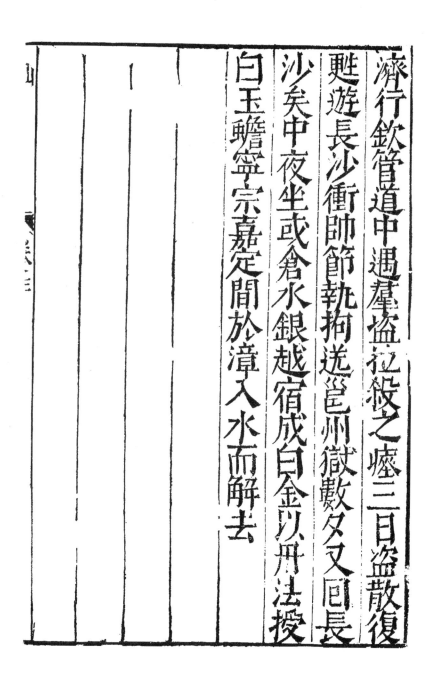

莫月鼎

莫月鼎諱洞一字起炎湖州人生而秀朗肌膚如玉雪雙目有光射人入青城山丈人觀見徐無極受五雷之法於是月鼎自名雷師驅使鬼魅動與天合時嬉笑怒罵皆若有神物從之者元世祖召見時天色爽霽帝曰可聞雷否月鼎曰可即取胡桃擲地雷應聲而發元主爲之改容復命請雨立至元主大悅賜以金繒月鼎辭

截之以濟寒窶者性愛酒無日不醉醉輒白眼望天陰飈倐倐起衣袖間嘗與客飲西湖舟中當赤日如火客請借片雲覆之月㕜笑拾果殼浮觴而須之雲自湖濱起翳于日下蕃籠觀道士中秋方會飲有雲蔽月久不解月㕜時過觀中道士知其所爲急請赴筵月㕜以手指之雲散如洗賣餅師積餅於筐時被精怪竊去日㕜召雷轟雲中斬猢猻首于市一人娶婦半路爲

白猿精所攝至門但空車焉月卑禹步如有指
麾狀狂風忽作飄婦還舍婦云適在北高峯何
以忽然至此七十三歲一日屬其徒王繼華曰
明年正月十三日將化於汝家及期風雲雷雨
電交作索筆作偈畢泊然而逝顔面如丹

馬鈺傳

馬鈺寧海人孫仙姑其妻也號丹陽子母初孕時夢麻姑賜丹一粒吞之覺而分瑞時金太宗天會五年也見時常誦乘雲駕鶴之詩李無夢見而奇之曰額有三山手垂過膝真大仙之材孫君以女妻之生三子嘗賦詩云抱元守一是工夫懶漢如今一也無終日啣杯暢神思醉中却有那人扶衆皆不曉其意一日王重陽祖師

自終南來訪之云宿有仙契既食瓜從帶食起鈺問其故曰甘向苦中來又問從何方來曰不遠千里特來扶醉人鈺默念與前所作詩合異之遂師事焉重陽欲挽西遊鈺未能輙棄家業重陽多方點化鈺念始決遂以貲產付三子從居崑崙之煙霞洞孫仙姑在家結庵修煉二十餘年一日鈺謂門人曰今日當有非之喜輙歌舞自娛俄聞空中樂聲仰見仙姑乘雲而過仙

童玉女旌節儀仗擁導前後俯而告鈺曰先歸
蓬島待君也於是夜坐談將二鼓風雷大雨震
動遂東首枕肱而逝是夜鈺知酒監郭復中門
索筆書頌云長年六十一在世無人識烈雷吼
一聲浩浩隨風逸少頃人云師已逝矣方悟所
見者皆其陽神也

奎文萃珍

仙佛奇踪

下册

[明] 洪應明 撰

文物出版社

寂光境引

慨自識浪障空迷雲鎖月茫茫苦海渺無津崖世尊羅漢諸菩薩放大光明普照河沙世界用是興慈發願首建止觀二法為羣生祛迷别障令各自矚本来古稱慈航寶筏語不虛已洪生自誠氏幼慕紛華晚棲禪寂緣是遡諸佛菩薩

而爲之傳其神紀其事因以寂光境標
爲蓋從此得窮緣照生光祖竺乾氏宗
風爲世人開一方便法門於三乘教中
亦庶幾哉真實行慈者迺譚者又謂於
所有中妄立名相是謂平地生波從何
得入淨樂國土是不然機有淺深教有
頓漸大善知識悟般若真空不落聲聞

不墮色相洵無藉此贅疣彼初機小乘
覩善相而皈依聽法輪而悟入不假以
舟楫誰爲出迷途而登覺岸哉雖然有
不障無色不異空言一無言也相一非
相也具摩醯眼者頗無生事理障

真實居士馮夢禎題

寂光境目

還初道人自誠甫次

西竺佛祖

龍樹尊者　羅睺羅多尊者

僧迦難提尊者　伽耶舍多尊者

鳩摩羅多尊者　闍夜多尊者

鶴勒那尊者　師子比丘尊者

般若多羅尊者

中華祖師

菩提達摩尊者　慧可大師

僧璨大師　道信大師

弘忍大師　慧能大師
法融禪師　神贊禪師
從諗禪師　懷讓禪師
道一禪師　惠藏禪師
智威禪師　元珪禪師
智閑禪師　慧寂禪師
俱胝和尚　天然禪師
惟儼禪師　崇信禪師

破竈墮和尚　曇晟禪師
良价禪師　無住禪師
自在禪師　慧海禪師
道通禪師　豐干禪
寒山子　拾得子
布袋和尚　烏窠和尚
誌公和尚　杯渡和尚
慧遠禪師　竺道生

目畢

無生訣

還初道人自誠氏輯

釋迦牟尼佛

法本法無法無法法亦法今付無法時法法何曾法

摩訶迦葉尊者

法法本來法無法無非法何干一法中有法有不法

商那和修尊者

非法亦非心無心亦無法說是心法時是法非心法

優波毱多尊者

心自本來心本心非有法有法有本心非心非本法

鶴勒那尊者

認得心性時可說不思議了了無可得得時不

說知

菩提達磨大師

在胎爲身在世爲人在眼曰見在耳曰聞在鼻辨香在口譚論在手執捉在足運奔遍現俱該法界收攝在一微塵識者知是佛性不識喚作精䰟

亦不覩惡而生嫌亦不觀善而勤措亦不捨智而近愚亦不抛迷而就悟達大道兮過量通佛

心今出度不與凡聖同纏超然名之曰祖

迷時人逐法解時法逐人解則識攝色迷則色攝識但有心分別計較自心現量者悉皆是夢若識取心本寂滅無一動念處是名正覺

僧璨大師

華種雖因地從地種華生若無人下種華地盡無生

至道無難唯嫌揀擇但莫愛憎洞然明白圓同

太虛無欠無餘良由取捨所以不如莫逐有緣
莫逐空忍一種平懷泯然自盡止動歸動止更
彌動惟滯兩邊寧知一種一種不通兩處失功
遣有沒有從空背空歸根得旨隨照失宗須臾
返照勝却前空前空轉變皆由妄見不用求真
唯須息見二由一有一亦莫守一心不生萬法
無咎無咎無法不生不心能由境滅境逐能沉
境由能境能由境能欲知兩段元是一空一空

同兩齊含萬象智者無爲愚人自縛法無異法
妄自愛着將心用心豈非大錯迷生寂亂悟無
好惡一切二邊良用斟酌夢幻空花何勞把着
得失是非一時放却眼若不睡諸夢自除心若
不異萬法一如止動無動動止無止兩旣不成
一何有爾一卽一切一切卽一但能如是何慮
不畢

一切無心自性戒一切無礙自性慧不增不退

自金剛身去身來本三昧

不見一法存無見大似浮雲遮日而不知一法守空知還如太虛生閃電此之知見瞥然興錯認何曾解方便汝當一念自知非自己靈光常顯見

弘忍大師

有情來下種因地果還生無情既無種無性亦無生

慧能大師

菩提本無樹明鏡亦非臺本來無一物何處惹
塵埃

心迷法華轉心悟轉法華誦經久不明與義作
仇家無念念卽正有念念成邪有無俱不計長
御白牛車

定是慧體慧是定用卽慧之時定在慧卽定之
時慧在定猶如燈光有燈卽光無燈卽暗燈是

之體光是燈之用名雖有二體本不殊
欲求見佛但識衆生只爲衆生迷佛非是佛迷
衆生自性若悟衆生是佛自性若迷佛是衆生
自性平等衆生是佛自性險邪佛是衆生我心
自有佛自佛是眞佛自若無心佛何處求眞佛
故經云心生種種法生心滅種種法滅
凡夫即佛煩惱即菩提前念迷即凡夫後念悟
即佛前念着境即煩惱後念離境即菩提

法融禪師

境緣無好醜好醜起於心心若不強名妄情何
處起妄情旣不起眞心任徧知

慧忠禪師

念想由來幻眞性無終始若得此中意長波當
自止

人法雙淨善惡兩忘直心眞意菩提道場

神秀禪師

一切佛法自心本有將心外求捨父逃走

南岳思大師

道源不遠性海非遥但向已求莫從他覔覔即
不得得亦不真

天皇悟公

任性逍遥隨緣放曠但盡凡心别無聖解

本淨禪師

佛因心悟心以佛彰若悟無心佛亦不有

道本無心無心　名道若了無心無心即道
見聞知覺無障礙聲香味觸常三昧如鳥空中
只麽飛無取無捨無憎愛若會應處本無心始
得名爲觀自在
見道方修道不見復何修道性如虛空虛空何
所有徧觀修道者撥火覓浮漚但看美傀儡綫
斷一齊休
惟眞眞無相窮妄妄無形逐觀推窮心知心亦

假名

善既從心生惡豈離心有善惡是外緣於心實不有捨惡送何處取善令誰守傷嗟二見人攀緣兩頭走若悟本無心始悔從前咎

南陽忠國禪師

青蘿夤緣直上寒松之頂白雲澹泞出没太虛之中萬法本閑而人自鬧

衆生迷時結性成心猶寒則水凝爲氷衆生悟

時釋心成性猶暖則氷渙爲水

法法法。元無法空空空。亦不空。靜喧語默本來同。夢裡何勞說夢。有用用中無用。無功功裡施功。還如果熟自然紅。莫問如何修種。

盤山積公

心月孤圓光吞萬象光非照境境亦非存光境俱忘復是何物

太珠海公

君不隨聲色動念不逐相貌生解自然能無事去

般若經云九類衆生一身具足隨造隨成是故無明爲卵生煩惱包裹爲胎生愛水浸潤爲濕生欻起煩惱爲化生悟即是佛迷號衆生菩薩以念念心心爲衆生若了念念心體俱空名度衆生也智者於自本際上度於未形未形旣空即知實無衆生得滅度者

善慧大士

有物先天地。無形本寂寥。能爲萬象主。不逐四時凋。

空手把鋤頭。步行騎水牛。人從橋上過。橋流水不流。

夜夜抱佛眠朝朝還共起起坐鎮相隨語默同居止纖毫不相離如形影相似欲識佛去處祗這語聲是

鑒貞禪師

眼光隨色盡。耳識逐聲消。還源無別旨。昨日與今朝。

夾山密公

心本是佛。因念起而漂沈。岸實不移。因舟行而騖驟。

玄沙備公

鏡照諸像。不亂光輝。鳥飛空中。不雜空色。

傅大士

水中鹽味色裏膠青畢竟是有不見其形

妄計因成執迷繩謂是蛇疑心生暗鬼病眼見

空花一境雖無異三人乃見差了茲名不當長

御白牛車

法雲白公

離朱有意。白浪徒爾滔天。象罔無心。明珠忽然

在掌。

永明壽公

如隨色之摩尼衆相現而本體不動似應聲之山谷羣響發而起處無心

孤猿叫落中岩月野客吟殘半夜燈此境此時誰會得白雲深處坐禪僧

眞心自體非言所詮湛如無際之虚空瑩若圓明之淨鏡毁贊不及義理難通不可以有無處所窮其幽迹不可以識智言詮譚其妙體唯有

入者只在心知如擣萬種而爲香爇一塵而已具足衆氣似入大海而澡浴掬微滴而已用百川

見性之時。性本離念。非有念而可除。觀物之際。物本無形。非有物而可遣。

滿眼見色滿耳聞聲不隨不壞方了色聲正性若隨聲色之門即墮凡夫若壞色聲之相即入小乘是以如來正眼普照無遺豈同凡夫生盲

二乘眇目則逢緣不礙觸境無生

龐蘊居士

但願空諸所有慎勿實諸所無

水明壽公

眞源湛寂覺海澄清絕名相之端無能所之迹最初不覺忽起動心因明起照隨照立塵如鏡現像頓起根身從此遺眞失性執相徇名積滯着之情塵結相續之識浪鑠眞覺於夢夜沉迷

三界之中瞽智眼於昏衢匍匐九居之內向不遷境上虛受輪回於無脫法中自生繫縛如春蠶作繭似秋蛾赴燈以二見妄想之絲纏苦聚之業質用無明貪愛之翼撲生死之火輪復有邪根外種小智權機不了生死之病源罔知人我之見本唯欲厭喧斥動破相析塵雖云味靜冥空不知埋真拒覺如不辨眼中之赤眚但滅燈上之重光罔窮劫內之幻身空避日中之虛

影斯則勞形役思喪力捐功不異足水助氷投
薪益火豈知重光在青虛影隨身除病眼而重
光自消息幻質而虛影當滅若能回光就巳反
境觀心佛眼明而業影空法身現而塵迹絕以
自覺之智刃剖開纏內之心珠用一念之慧鋒
斬斷塵中之見網此誠窮心之旨達識之詮

慈雲慧禪師

片月浸寒潭微雲映碧空若於達道人好個眞

消息

黄山輪公

投赤水以尋珠入荆山而覓玉從門入者不是家珍認影迷頭豈非大錯

天衣懷公

雁過長空影沉寒水雁無遺踪之意水無留影之心

圭峯禪師

用則波騰海沸全眞體以運行體則鑑明水靜

衆隨緣而會寂

心無自相託境方生境性本空由心故現

智眞禪師

心本絕塵何用洗身中無病豈求醫欲知是佛

非身處明鑑高懸未照時

李長公

十世古今終始不離於當念無邊刹境自他不

隔於毫端智凡不礙狀多鏡以納衆形彼此無妨君千燈而共一室

天臺觀公

高超名相妙體全彰逈出古今眞機獨露握驪珠而鑑物物物流輝擲寶劍以揮空空空絕迹

雲門侃公

塵勞未破觸境千差心鑑圓明絲毫不立靈光皎皎獨露眞常今古兩忘 聖凡雙絕到遮裏始

能卷舒自在應用無虧出沒往還人間天上

大静禪師

夜間閒坐心念紛飛卻將紛飛之心以究紛飛之處究之無處則紛飛之念何存返究究心則能究之心安在

能照之智本空所緣之境亦寂寂而非寂者蓋無能寂之人也照而無照照者蓋無所照之境也境智俱寂心慮安然此乃還源之要道也

見物便見心無物心不現十分通塞中真心無不遍若生知識解卻成顛倒見覩境能無心始見菩提面

永嘉禪師

心與空相應則譏毀贊譽何憂何喜身與空相應則刀割香塗何苦何樂依與空相應則施與劫奪何得何失

心不是有心不是無心不非有心不非無是有

是無卽墮是非有非無亦墮非
絕學無爲閒道人不除妄想不求眞無明實性卽佛性幻化空身卽法身法身覺了無一物本原自性天眞佛五陰浮雲空去來三毒水泡虛出沒
寂寂生無記惺惺生亂想寂寂雖能治亂想而還生無記惺惺雖能治無記而還生亂想故曰惺惺寂寂是無記寂寂非寂寂惺惺是亂想惺

惺非

凡人多於事礙理境礙心常欲逃境以安心遺事以存理不知乃是心礙境理礙事但令心空境自空理寂事自寂勿倒用心也

此法卽心心外無法此心卽法法外無心心自無心亦無無無心者若將心無心心卻反成有

爲有貪嗔癡故立戒定慧本無煩惱焉用菩提故祖師云佛說一切法爲除一切心我無一切

心何用一切法

賓持禪師

悟心容易息心難息得心源到處閒斗轉星移

天欲曉白雲依舊覆青山

陵郁山主

我有明珠一顆久被塵勞關鎖今朝塵盡光生

照破山河萬朶

佛日才公

城市喧繁山林寂靜雖然如此動靜一如生死不二四時輪轉物理自然夏不去而秋自去風不凉而人自爽

廣慧禪師

佛為無心悟。心因有佛迷。佛心清淨處。雲外野猿啼。

圓悟禪師

鳥飛空境。鳥過而空中還留影否。魚遊浮境。魚

逝而淨內尚遺跡否。聖心應物亦復如是

善勝禪師

揚聲止響不知聲是響根弄影逃形不知形爲影本以法問法不知法本無法以心傳心不知心本無心

龍濟禪師

風動心搖樹雲生性起塵若明今日事昧卻本來人

翠竹黃花非外境白雲明月露全身頭頭盡是
吾家物信手拈來不是塵

無着禪師

一葉扁舟泛渺茫呈橈舞棹別宮商雲山水月
都拋卻贏得莊周一夢長

雲駛月運舟行岸移不知妄想之雲自飛眞月
何動攀緣之舟常汎覺岸靡移

雲巖禪師

翳在目千華亂空一妄在心恒沙生滅翳華盡妄滅真存病差藥除氷融氷在颷谷投響則毀譽共銷月池浸色則物我俱謝在欲渾無欲居塵不染塵百花叢內過一葉不黏身

景岑禪師

礙處非墻壁通處沒虛空若人如是解心色本來同

晦堂禪師

愚人除境不除心　智者除心不除境不知心境本如如觸目遇緣　常鎮定

南臺和尚

南臺靜坐一爐香　終日凝然萬慮忘不是息心除妄息都緣無事可思量

宗一禪師

美玉藏頑石蓮華出淤泥須知煩惱處悟即是

菩提

曰空祇爲破有　曰有亦以除空亦復以有息有以空消空乃至言語道斷心思路絕尚不名空何曾號有

仲宣禪師

凡聖本來不二迷悟豈有殊途非涅槃之可欣非生死之可猒但能一言了悟不起坐而印證無生一念回光不舉步而遍遊沙界

感而遂通猶蟾光之映水靜而善應若空谷之
隨聲
論佛性則空論佛心則實有此實心斯佛性不
爲頑空有此空性斯佛心不爲着象
紹悟禪師
一重山盡一重山坐斷孤峰子細看雲捲霧收
山岳靜楚天空濶一輪寒
智聞禪師

如月之輝離喧始見寒泉之響人定乃聞故動
忘失覺息念冥眞
種福果於耳根開覺花於心地
有爲雖僞棄之則佛道難成無爲雖眞執之則
慧性不朗
孤峯長老
日用無非道心安即是禪幽棲雲壑底夢寐雪
蘆邊

惺寬禪師

真修者不得勤不得忘勤即近執着忘即落無明

萬漚起而復破水性常存千燈明而復滅火性原在忘情之心不住於相如湯消氷氷湯俱盡無可分別觸境之心不能不動如谷應聲即應即止無復有餘

宗一禪師

秋潭月影靜夜鐘聲隨叩擊以無虧觸波瀾而不散

開先照禪師

諸人心心不停念念無住若能不停處停念處無念自合無生之理

以一散萬月墜萬川即萬影。收萬歸一水歸一壺惟一月。展則彌輪法界。收來毫髮無端。

玉泉遠禪師

一印印空萬象收歸古鑑中。一印印水。秋蟾影落千江裏。一印印泥、細觀文彩未生時。

保寧禪師

三界唯心萬法唯識檻外雲生簷前雨滴潤水湛如藍山花開似錦此時若不究根源直待當來問彌勒

佛鑑禪師

至道無難唯嫌揀擇。桃花紅。李花白。誰道融融只一色。紫燕語。黃鶯鳴。誰道關關只一聲。明鏡當臺豈分靜躁。孤雲出岫寧係去留。

因妄說真真無自相　從真起妄妄體本虛妄既歸空真亦不立

智達禪師

境立心便有心無境不生境虛心寂寂心照境泠泠

於水鏡中見自己像　於燈月中見自己影於山

谷中見自巳聲

白圭兆禪師

空中飛鳥不知空是家鄉水底遊魚忘却水爲性命諸人請各立地定着精神一念廻光豁然自照何異空中紅日獨運無私盤內明珠不撥自轉

琳公

其宗也離心意識其旨也超去來今離心意識

故品萬類不見差殊　超去來今故盡十方更無
滲漏當頭不犯徹底　無依悟向朕兆未生之前
用在功勳不犯之處

昭覺白師

添一絲毫如眼中着　屑減一絲毫似肉上剜
瘡

依法不依人依義不依語依智不依識依了經
義不依不了經義

只便向火熱卽搖扇饑時吃飯困來打眠所以
道趙州庭前栢香嚴嶺後松栽來無別用祇爲
引清風

雲峰濤師

瘦竹長松滴翠香流風踈月度微涼不知誰住
原西寺每日鐘聲送夕陽
風柯月渚並可傳心烟島雲林咸提妙旨

寶誌和尚

妄身臨鏡照影影與妄身不殊但欲去影留身
不知身亦本虛身本與影不異不得一有一無
若欲存一捨一永與眞理相疎更若愛聖憎凡
生死海裏沉浮煩惱因心故有無心煩惱何居
不勞分別取相自然得道須臾

龍牙和尚

在夢那知夢是虛覺來方覺夢中無迷時恰是
夢中事悟後還同睡起夫

〻牛須訪迹學迹訪無心迹在牛還在無心道易尋

文益禪師

一朵菡萏蓮兩株青瘦栢長向僧家庭何勞問高格

同安禪師

枯木岩前差路多行人到此盡蹉跎鷺鷥〻〻立雪非同色明月蘆花不似他了了了時無所了玄

玄玄處亦須呵慇懃爲唱玄中曲空裏蟾光
得麽

雲頂山僧

閑坐冥然聖莫知縱言無物比方伊石人把板
雲中拍木女含笙水底吹若道不聞渠未曉欲
尋其響你還疑教君唱和仍須和休問宮商竹
與絲

丹霞和尚

識得衣中寶無明醉自醒百骸雖潰散一物鎮
長靈知境渾非體神珠不定形悟則三身佛迷
疑萬卷經在心心可測歷耳耳難聽罔象先天
地玄泉出杳冥本剛非鍛鍊元淨莫澄渟盤泊
輪朝日玲瓏映曉星瑞光流不滅真氣觸還生
鑒照崆峒寂羅籠法界明解語非關舌能言不
是聲絕邊彌汗漫無際等空平見月非觀指還
家豈問程識心心則佛何佛更堪成

通智禪師

真我本有迷之而無妄我本無執之而有

若要了心無心可了無了之心是名真心

真妄交徹即凡心而見佛心事理雙修依本智

而求佛智

崇化贊師

印空印泥印水平地寒濤競起假饒去就十分

終是靈龜曳尾

僧澹友題像

圖形期自見，自見卻傷神。已是夢中夢，更逢身外身。木花縈幻質，墨彩聚空塵。堪咲余兼爾，俱爲未了人。

遯庵珠師

玉露垂青草，金風動白蘋。一聲寒雁過，喚越未醒人。

如日發焰，共微塵而共紅，非實紅也；如水澄清

含輕雲者俱緣非實緣也

山谷公

衲僧命脉古佛心宗如淨月輪出則萬波分影如吹毛劍用則千里無人

慾火而以戒沃之嗔火而以定沃之無明火而以慧沃之靈泉混混消除煩躁之衷智水滔滔灌漑清凉之府千江有水一輪寶月映寒潭萬井無烟遍地金風吹冷面

山堂浮師

埧胝一指頭一毛拔九牛華岳連天碧黃河徹底流截着指急回眸青箬笠前無限事綠蓑衣底一時休

覺海禪師

碧落淨無雲秋空明有月長江瑩如練淸風來不歇林下道人幽相看情共悅雖然猶是建化門中事作麼生是道人分上事閑來石上觀流

水欲洗禪衣未有塵

臨濟禪師

一念心疑被地來礙一念心愛被水來溺一念心嗔被火來焚一念心喜被風來飄若能如是辨得不被境轉便處處用境

纔涉唇吻便落意思直饒透脫猶在沉淪終日吃飯未曾咬着一粒米終日穿衣未曾挂着一絲頭纔能變大地為黃金攪長河為酥酪

法爲禪師

法身無相不可以聲音求妙道無言不可以文字會縱使超佛越祖猶落階梯直饒說妙譚玄終挂唇齒須是功勳不犯影迹不留枯木寒巖更無津潤幻人木馬情識皆空方能垂手入鄽轉身異類郤不道無漏國中留不住却來煙塢臥寒沙

從諗禪師

如明珠在掌胡來胡現漢來漢現把一枝草作
丈六金身用把丈六金身爲一枝草用

智明禪師題像

雨洗澹紅桃萼嫩風搖淺碧柳絲輕白雲影裡
怪石露綠水光中古木清噫你是何人

牧正禪師

華開壠上柳綻堤邊黃鳥調叔夜之琴芳草入
謝公之句何必見色明心聞聲悟道非惟水上

覔漚已是眼中着屑

迷時須假三乘教悟後方知一字無

墮竈和尚

鏡凹照人瘦鏡凸照人肥不如打破鏡還我舊面皮

斷際禪師

念非忘塵而不息塵非息念而不忘忘塵而息息無能息息念而忘忘無所忘

夫妄非愚出眞不智生達妄名眞迷眞曰妄並
有妄隨愚變眞逐智迴眞妄不差智愚自異耳
故觀師云迷眞妄念生悟眞妄即止
理明則言語道斷何言之能議旨會則心行處
滅何觀之能思故天臺云口欲言而辭喪心欲
思而慮忘
法法虛融心心寂滅本自非有誰强言無何喧
擾之可喧何寂靜之可寂若知物我冥一彼此

無非道場何必徇喧雜於人間散寂寞於空谷是以釋動求靜者憎枷愛杻也離怨求親者猒檻欣籠也

若以知知寂此非無緣知如手執如意非無如意手若以自知知亦非無緣知如手自作拳非是不拳手亦不知寂寂亦不自知知不可爲無知自性了然故不同於木石手不執如意亦不自作拳不可爲無手以手安然故不同於兔角

前際無煩惱可除中際無自性可守後際無佛可成是謂三際斷絕是謂三業清凉

我一舉心已屬過去我心未舉方名未來非未來心即過去心現在之心復在何處學者知一念纔起了不可得是過去佛過去不有未來亦空是未來佛即今念念不住是現在佛念念相應即念念成佛此是最初方便之門

慧日禪師

一趯趯翻四大海一拳拳倒須彌山佛祖位中
留不住又吹魚笛泊羅灣
不用求心唯須息見三祖太師雖然廻避金鈎
殊不知已吞紅線慧日且不然不用求眞併息
見倒騎牛兮入佛殿牧笛一聲天地寬稽首瞿
曇眞個黃面

布袋和尚

我有一布袋虛空無罣礙展開遍十方入時[illegible]

自在

一鉢千家飯孤身萬里遊青目覩人少問路白雲頭

白楊順師

好事堆堆疊疊來不須請作與安排落林黃葉水推去橫谷白雲風捲回寒雁一聲情念斷霜鐘纔動我山摧白楊更有過人處盡夜寒爐撥元灰

僧潤

了妄歸真萬累空河沙凡聖本來同迷來盡是蛾投焰悟去方如鶴去籠片月影分千澗水孤松聲任四時風直須密契心心地始悟生平睡夢中

黃龍和尚

古人一切方便與諸人開個入路既得個入路又須尋個出路登山須到頂入海須到底登山

不到頂不知宇宙之寬入海不到底不知滄海之深旣知寬廣又知淺深一趯趯翻四大海一摑摑倒須彌山撒手到家人不識鵲噪鴉鳴栢樹間

安丕師

孤峯逈秀不挂煙蘿片月行空白雲自在見性不留佛悟道不存師對眼根之塵如見夢時物如觀幻化像對耳根

之塵如聞空中風如聽禽鳥語 對意根之塵如
湯釋氷雪如治銷金鐵
　　自在禪師
卽心卽佛是無病求病句。非心非佛是藥病對
治句。
除亂而不滅照守靜而不着空 行之有常自得
眞見
不着色則着空何以能非色非空不住有則着

無安足道不有不無

無念禪師

念本非有念不必無知是義者是名無念如人迷故謂東爲西方實不轉無明迷故謂心爲念心實不動

無牽纏者即爲解脫除煩惱者便獲清凉見五蘊皆空爲涅槃若得一心寂滅是大涅槃

大茅和尚

欲識諸佛性、向衆生心行中識取。欲識不凋性、向萬物變遷時識取。

起心欲息知心起知更煩若知知本空知卽衆妙門

從悅禪師

耳目一何清端居幽谷裡秋風入古松秋月生寒水衲僧於此更求眞兩個猢猻埀四尾

自性無所無所曰寂人唯遂於前塵念念相續

故不能當念而寂回光返照本地風光瞥爾現前一可忘六可消矣

性空庵主

心法雙忘猶隔妄色塵不二尚餘塵百鳥不來春又過不知誰是住庵人

真俗雙泯二諦恒存空有兩忘一味常顯良以真空未嘗不有即有以辨於空幻有未始不空即空以明於有不空之空空而非斷不有之有

有而不常四執既亡百非斯遣

水庵一禪師

藏身無迹更無藏脫體無依便厮當古鏡不勞還自照澹烟和霧濕秋光

證空便爲實執我乃成虛對病應施藥無病藥還除

長慶和尚

入道之門須用止觀二法入理障礙正知見事

障續諸生死非大觀之法安能除理障非大止之法安能除事障

因心悟道道本非心因目成明明原非目絶妄想而離執着原其所無見德性而證如來本其所有以其所無之理解脫一切諸纏縛以其所有之明照破一切諸昏暗則是大明一慧日矣

圓覺禪師

遣迷求悟不知迷是悟之鉗鎚愛聖憎凡不知

凡是聖之鑪鞴祇如聖凡雙泯迷悟兩忘又作

歷道半夜彩霞籠玉像天明峰頂五雲遮

黃蘗禪師

日升之時明遍天下虛空未曾明日没之時暗遍天下虛空未曾暗明暗之境自相凌奪虛空之性廓然自如佛及衆生心亦如是若觀佛作清淨光明相觀衆生作垢濁暗昧相歷河沙劫終不得菩提

凡六皆遂境生心若欲無境當忘其心心忘則境空境空則妄滅見善來相迎亦無喜心見惡相種種亦無佈念但自忘心同於法界方得自在

心無不存之謂照欲無□不泯之謂忘忘與照一而二二而一當忘之時其心湛然未嘗不照當照之時纖塵不立未嘗不忘此眞忘眞照也

張拙秀才

光明寂照徧河沙凡聖含靈共我家一念不生全體現六根纔動被雲遮斷除煩惱重增病趨向眞如總是邪隨順衆緣無罣礙涅槃生死是空華

南華禺師

求生本自無生畏滅何曾暫滅眼見不如耳見口說爭似鼻說眼中捉月鏡裡尋頭刻舟求劒騎牛覓牛空華

隋煬夢幻浮漚一筆勾下要休便休巴歌社酒

利田樂不風流處自風流

佛與衆生原無分別悟者心能轉物物物歸心

即是諸佛迷者皆心向物妄隨物轉即是衆生

無垢子

三世諸佛盡在自己身中因氣習所昧境物所

轉便自迷了若於心無心便是過去佛寂然不

動便是未來佛隨機應物便是現在佛清淨無

染便是離垢佛出入無礙便是神通佛到處優游便是自在佛一心不睬便是光明佛道念堅固便是不壞佛變化多方唯一眞爾

法常禪師

佛從無爲來滅向無爲去法身等虛空常住無心處有念歸無念有住歸無住來爲衆生來去爲衆生去清淨眞如海湛然體常住智者善思惟一思勿生疑慮

佛體本無爲迷情妄分別法身等虛空未曾有生滅有緣佛出世無緣佛入滅處處化衆生猶如水中月非常亦非斷非生亦非滅生亦未曾生滅亦未曾滅了見無心處自然無法說

報恩逸公

演若達多認影迷頭豈不擔頭覓頭正迷之時頭且不失及乎悟去亦不爲得何以故人迷謂之失人悟謂之得得失在乎人何關於動靜

清涼國師

至道本乎其心心法本乎無住無住心體性相寂然非有非空不生不滅求之而不得棄之而不離迷現量則惑苦紛然悟真性則空明廓徹雖即心即佛唯證者方知然有證有知則慧日沉没於有地若無照無悟則昏雲掩蔽於空門惟一念不生則前後際斷照體獨立物我皆如然迷悟更依真妄相待若求真去妄猶棄影勞

形若體妄卽眞似處陰息影若無心妄照則妄慮都捐若任運寂知則衆行爰起是以悟寂無寂眞知無知以知寂不二之一心契空有雙融之玅理無住無着莫攝莫收是非兩忘能所雙絶斯絶亦寂則般若現前心心作佛無一心而非佛心處處成道無一塵而非佛國故眞妄物我舉一全收心佛衆生渾然齊致是知迷則人隨於法法法萬差而人不同悟則法隨於人人

人一智而融萬境言窮慮絕何果何因體本寂寥孰同孰異唯忘懷虛朗消息冲融其猶透水月華虛而可見無心鑑像照而常空矣

法眞禪師

柳色含烟春光迴秀一峯孤峻萬卉爭妍白雲澹泞已無心滿目青山元不動漁翁垂釣一溪寒色未曾消野渡無人萬古碧潭清似鏡

影由形起響逐聲來除煩惱而趣涅槃如去形

希明禪師

林葉紛紛落乾坤報早秋分明西祖意何用更馳求昔人深明此旨洞達其源乃知動靜施爲行住坐臥頭頭合道念念朝宗祖不云乎迷生寂亂悟無好惡得失是非一時放却如是則誰是誰非誰迷誰悟自是諸人獨生異見觀大觀小執有執無靈根獨耀不肯承當心月孤圓自生違背何異家中捨父衣內忘珠致使菩提路

上荆棘成林解脱空中迷雲蔽日

兜率禪師

龍安山下道路縱橫兜率宮中樓閣重疊雖非天上不是人間到者安心全忘諸念善行者不移雙足善入者不動雙扉自能咲傲烟蘿誰管坐消歲月雖然如是且道還有向上事也無良久日莫教推落巖前石打破下方盖日雲

道英禪師

援道而論語也不得默也不得直饒語默兩忘
亦没交涉何故古佛光明先德風彩一一從無
欲無依中發現或時孤峻峭拔竟不可扳或時
含融混合了了無所覩終不椿定一處亦不繫係
兩頭無是無不是無非無不非得亦無所得失
亦無所失不曾隔越纖毫不曾移易絲髮明明
古路不屬玄微睹面擎來瞥然便過不居正位
豈落邪途不趍大方那蹈小徑回首不逢觸目

無對一念普觀廓然空寂此之宗要千聖不傳直下了知當處超越是知赤灑灑處恁麼即易明歷歷處恁麼還難若是本分手脚放去無收不來底一一放光現瑞一一削跡絶踪機上了不停語中無可露徹底撓不渾通身撲不破畢竟是箇甚麽得恁麽靈通得恁麽奇特諸仁者休要識渠面孔不用安排名字亦莫覔渠在所何故渠無在所渠無名字渠無面孔纔是一念

追求便隔十生五生不如放教自由要發便發要住便住卽天然非天然卽如如非如如卽湛寂非湛寂卽敗壞非敗壞無生戀無死畏無佛求無魔怖不與菩提會不與煩惱俱不受一法不嫌一法無在無不在非離非不離若能如是見得釋迦自釋迦達摩自達摩

天宮微師

八萬四千波羅蜜門門門長開三千大千微塵

諸佛佛佛說法不說有不說無不說非有非無不說亦有亦無何也離四句絕百非相逢舉目少人知昨日霜風漏消息梅花依舊綴寒枝

慧林受師

不是境亦非心喚作佛時也陸沉個中本自無階級切忌無階級處尋總不尋過猶深打破雲門飯袋子方知赤土是黃金

汪文宦刊

釋迦牟尼佛

佛姓刹利初生時放大智光明照十方世界地湧金蓮華自然捧雙足分手指天地作獅子吼聲即周昭王二十四年四月八日也年十九出家於檀特山中修道至穆王三年明星出時成佛號天人師時年三十矣旣而於鹿野苑中轉四諦法輪而論道說法住世四十九年後以淸淨正法付弟子摩訶迦葉授以偈言云法本法

無法無法法亦法今付無法時法法何曾法爾
時至拘尸那城娑羅雙樹下右脇累足泊然宴
寂時穆王五十二年二月十五日

摩訶迦葉尊者

尊者姓婆羅門嘗爲鍛銀師善明金性使其柔伏先是四衆爲毗婆尸佛起塔塔中像面金色缺壞時有貧女將金珠往金師所爲餙佛面因共發願願我二人爲無姻夫妻由是因緣九十一刼身皆金色後生中天摩竭陀國婆羅門家名曰迦葉彼此云飲光勝尊蓋以金色爲號也繇是志求出家冀度諸有受清淨法眼於世尊

嘗結集於耆闍崛山賓鉢羅國因阿那比丘多
聞總持有大智慧乃以偈授之法法本來法無
法無非法何於一法中有法有不法說偈已乃
持僧伽梨衣入雞足山俟慈氏下生時周孝王
五年

商那和修尊者

尊者姓毗舍多在胎六年而生先是如來行化至摩空羅國見一青林枝葉茂盛語阿難曰此地百年後當有比丘善人於此轉妙法輪後百年果誕和修出家證道一日遊吒利國得優婆毱多以爲給侍因問曰汝年幾耶答曰我年十七師曰汝身十七性十七耶答曰師髮已白爲髮白耶爲心白耶師曰我但髮白非心白也毱

曰我身十七非性十七也師知是法器遂以偈
授云非法亦非心無心亦無法説是心法時是
法非心法後隱於罽賓國南象白山中見夠多
五百徒衆皆依教奉行俱證無漏乃化火光三
昧用焚其身時宣王二十三年也

優波毱多尊者

尊者姓首陀十七出家二十證果隨方行化至摩突羅國度者甚衆由是魔宮震動波旬恐怖遂竭其魔力以害正法一日伺尊者入定密持瓔珞縻之於頸及尊者出定乃取人狗蛇三屍化爲花鬘輭言慰諭波旬曰汝與我瓔珞吾以花鬘相酬波旬大喜引頸受之即變爲三種臭屍虫蛆穢爛波旬大生憂惱竭巳神力不能解

脫乃梟露懺悔誓不燒害佛道尊者乃曰若然
汝可口自唱言歸依三寶魔王合掌三唱花鬘
悉除乃踊躍作禮而去尊者在世化導最多每
度一人以一籌置于石室其室盡皆充滿最后
有一長者子名曰香衆來禮尊者志求出家尊
者曰汝身出家心出家答曰我來出家非爲身
心尊者喜即以偈授之云心自本來心本心非
有法有法有本心非心非本法說已乃踊身虛

空呈十八變然後跏趺而逝時平王三十一年

婆須密尊者

尊者姓頗羅墮常服淨衣執酒器游行里閈或行或嘯人謂之狂及遇彌遮迦尊者宣如來往誌遂投器出家授法行化至迦摩羅國遇一智者自稱我名佛佗難提今與師論義師曰仁者論即不義義即不論若擬論義終非義論難提欽伏即曰我願求道沾甘露味師遂授以如來正法乃說偈曰心同虛空界示等虛空法證得

虗空時無是非無法說已卽入慈心三昧示涅
槃相時定王十九年

佛陀難提尊者

尊者姓瞿曇氏頂有肉髻辯捷無礙行化至提伽國城毗舍羅家遇一長者出致禮問何所須尊者曰我求侍者曰我有一子名伏馱蜜多年已五十口未能言足未能履尊者曰此子昔曾遇佛悲願廣大慮父母愛情難捨故不言不履耳其子聞言遽起禮拜長者乃令受戒出家師因以如來正法囑令行持且授偈云虛空無內

外心法亦如此若了虛空故是達眞如理說已
即現神變却復本坐儼然宴寂即景王十二年

伏馱蜜多尊者

尊者姓毗舍羅既受佛陀難提付囑遂至中印度行化時有長者香蓋携一子來禮尊者曰此子處胎六十年因號難生曾會一仙者謂此兒當爲法器今遇尊者欲令出家尊者即與落髮受戒羯磨之際祥光滿座仍感舍利三五粒現前自此精進忘疲師乃付以如來正法眼藏且授偈曰眞理本無名因名顯眞理受得眞實法

無眞亦無僞付法畢即入滅盡三昧衆以香油旃檀闍維眞體收舍利建塔於那爛陀寺即敬王三十五年也

脇尊者

尊者本名難生後值伏馱尊者執侍左右未嘗睡眠謂脇不至席遂號脇尊者焉將誕時父夢一白象背有寶座座上安一明珠從門而入光照四衆既覺遂生後受法行化至華氏國憩一樹下時有長者一子名富那夜奢合掌前立尊者問汝何來答曰我心非往尊者曰汝何處住答曰心非止尊者曰汝不定耶曰諸佛亦

然尊者曰汝非諸佛曰諸佛亦非尊者乃曰如
來大法眼藏今付於汝汝謹護之授偈曰眞體
自然眞因眞說有理領得眞眞法無行亦無止
付法訖卽入涅槃化火自焚時貞王二十二年

馬鳴尊者

尊者既受法於夜奢尊者即至華氏國轉妙法輪忽有老人仆地不見俄從地湧出一金色人復又化爲女子而去師曰將有魔來與吾校力有頃風雨暴至天地晦冥空中忽現一大金龍奮發威神震動山岳師儼然於坐魔事隨滅經七日有一小虫潛形坐下師以手取之示衆曰此乃魔之所變盜聽吾法耳乃放之令去且告

之曰汝皈依三寶即得神通魔遂復本形作禮
懺悔師曰汝名誰耶有何神力答曰我名迦毗
摩羅能化巨海師曰汝能性海否曰何謂性海
師曰山河大地三昧六神皆由茲發現迦毗摩
羅聞言悟心遂求剃度師乃以如來正法付之
且示偈云隱顯即本法明暗元無二今付悟了
法非取亦非離偈已即挺身空中如日輪相然
後示滅即顯王三十七年

迦毗摩羅尊者

尊者初爲外道有徒三千後於馬鳴尊者得法領徒至西印度彼有太子名雲自在仰尊者名請曰今我國城之北有大山焉山中有一石室師可禪寂於此否尊者曰諾卽入彼山行數里逢一大蟒盤繞師身師因與受三皈依蟒聽訖而去將至石室遇一老人合掌問訊因告曰我昔爲比丘因自起嗔恨墮爲蟒身住是窟中今

已千載適聞尊者法戒故來謝耳尊者問曰此山更有何人棲止曰北去十里有大樹蔭覆五百龍衆其樹王名曰龍樹嘗爲龍衆說法尊者遂與徒衆詣彼龍樹見尊者默念曰此師得決定性明道眼否是大聖繼眞乘否師曰汝雖心語吾已意知但辦出家何憂不聖龍樹悔謝與五百龍衆俱受戒焉尊者因授以偈云非隱非顯法說是眞實際悟此隱顯法非愚亦非智付

法已即現神變化火焚身時赧王四十一年

龍樹尊者

尊者受法於毗羅尊者後至南印度彼國之人多信福業聞尊者說法私相謂曰人有福業世間第一徒言佛性誰能見之尊者乃於地上湧出白蓮座現自在身如滿月輪一切衆唯聞法音不覩法相唯衆中有一長者子名迦那提婆謂衆曰識此相否衆曰目所未覩安能辨識提婆曰此是尊者現佛性體相以示我等蓋以無

相三昧形如滿月佛性之義廓然虛明言訖輪
相卽隱彼衆感悟感願出家以求解脫尊者卽
爲剃髮授戒最後乃告弟子迦那提婆曰如來
大法今當付汝聽吾偈言爲明隱顯法方說解
脫理於法心不證無嗔亦無喜付法已卽入月
輪三昧凝然圓寂時始皇三十五年也

羅睺羅多尊者

尊者授法於迦那提婆尊者行化至室羅筏城有河名曰金水中流忽見五佛影尊者告衆曰此河之源凡五百里有聖僧伽難提居於彼處語已即領衆泝流而上至彼見僧伽難提安坐入定尊者與衆伺之經三七日方從定起尊者問曰汝身定耶心定耶曰身心俱定尊者曰身心俱定何有出入曰雖有出入不失定相如金

在井金體常寂尊者曰若金在井若金出井金
無動靜何物出入曰言金動靜何物出入謂金
出入金非動靜尊者曰若金在井出者何金若
金出井在者何物曰仁者師於何聖尊者曰我
師迦那提婆曰稽首提婆師而出於仁者仁者
無我故我欲師仁者尊者曰我已無我故汝須
見我我汝若師我故知我非我我難提心意豁
然即求度脫尊者曰汝心自在非我所繫語已

即付法眼偈云於法實無證不取亦不離法非
有無相内外云何起說偈後宴坐歸寂即漢武
帝二十八年也

僧迦難提尊者

尊者室羅筏城國王子也生而能言七歲即厭樂事懇求出家父母固止之遂終日不食父母乃命禪利多爲之師一夕天光下屬尊者見一路坦平不覺徐行約十里許至一大岩前有石窟焉遂燕寂於中經十年尊者得法受記遂行化至摩提國見山舍一童子持圓鑑直造尊者前尊者問汝幾歲耶曰百歲尊者曰童子何言

百歲曰我不理會正百歲耳尊者曰汝善機耶曰佛言人生百歲不會佛機未若生一日而得決了之尊者曰汝手中鑑當何所表曰諸佛六圓鑑內外無瑕翳兩人同得見心眼皆相似尊者曰繼吾道者非子而誰即付法偈云心地本無生因地從緣起緣種不相妨華菓亦復爾說偈已即攀樹而化時漢昭帝十三年

伽耶舍多尊者

尊者姓鬱頭藍初其母夢大神持鑑因而有娠凡七日而誕肌體瑩若琉璃未嘗洗沐自然香潔幼好清淨嘗持鑑出遊遇難提尊者得度領徒至大月氏國見婆羅門舍有異氣尊者直入舍主鳩摩羅多問是何徒衆尊者曰是佛弟子羅多聞佛號心神竦然即時閉戶尊者自扣其門羅多曰此舍無人尊者曰答無者誰羅多知

是異人遂開闢延接尊者因授法說偈云有種
有心地因緣能發萌於緣不相礙當生生不生
付法已踴身虛空化火光三昧自焚其身時漢
成帝二十年

鳩摩羅多尊者

尊者生大月氏國婆羅門之子得道行化至中天竺國有大士名闍夜多問曰我家素信三寶而嘗縈疾瘵鄰家久爲旃陁羅行而身常勇健彼何幸而我何辜尊者曰善惡之報有三時焉縱經百千萬劫亦不磨滅夜多聞語乃釋所疑尊者汝雖已信三業而未明業從惑生惑因識有識從心起心本清淨無生滅無造作無報應

寂寂然靈靈然一切善惡有爲無爲皆如夢幻夜多領旨卽發宿慧懇求出家尊者曰吾今寂滅汝當紹行化迹乃授偈曰性上本無生爲對求人說於法旣無得何懷决不决言訖卽以指爪面如蓮花放出大光明而入寂滅時新室十四年也

闍夜多尊者

尊者北天竺國人智慧淵沖化導無量後至羅閱城敷揚頓教彼有學衆唯尚辯論爲之首者名婆修盤頭尊者將欲度之乃問彼衆曰此徧行頭陀可得佛道乎苦行歷於塵刼皆虛妄之本耳衆曰尊者蘊何德行而譏我師尊者曰我不求道亦不顛倒我不禮佛亦不輕慢我不知足亦不貪欲心無所希名之曰道時徧行聞言

歡喜讚嘆尊者復告之曰吾適對衆抑挫仁者得無恨乎徧行曰如飲無上甘露而反生熱惱耶唯願大慈以妙道垂誨尊者曰汝久植衆德當繼吾宗聽吾偈言言下合無生同於法界性若能如是解通達事理竟付法已即奄然歸寂時

後漢明帝十七年

鶴勒那尊者

尊者姓婆羅門年七歲遊行聚落覩民間淫祠乃入廟叱之曰汝妄興禍福幻惑斯民傷害實多言訖廟貌忽然頹壞由是鄉里稱爲聖子行化至中印度彼國王崇信佛道尊者爲說正法次忽見二人緋衣來拜王問曰此何人也尊者曰此是日月天子吾首曾爲說法故來謝耳良久不見唯聞異香王意欣然時有師子歸依尊

者而問曰我欲求道當何用心尊者曰無所用心曰既無用心誰作佛事尊者曰汝若有用即非汝心汝若無作即是佛事師子聞言領悟尊者乃以法眼付囑護持且授偈云認得心性時可說不思議了了無可得得時不說知言訖現十八變而歸寂

師子比丘尊者

尊者姓婆羅門得法遊方至罽賓國有波利迦者本習禪定來謁尊者尊者曰仁者習定胡當來此既至於此胡云習定曰我雖來此心亦不亂定隨人習豈在處所尊者曰仁者既來其習亦至既無處所豈在人習曰定習人故非人習定我當來此其定常習尊者曰人非習定定習人故當來時其定誰習波迦利聞言屈服導

者方求法嗣有長者引一子來問曰此子名斯多當生便拳左手迄長未舒願尊者示其宿因尊者即以手接曰可還我珠童子遽開手奉珠衆皆驚異長者遂捨其子出家尊者即與受具且示偈云正說知見時知見倶是心當心即知見知見即在今說偈畢乃以僧伽棃衣密付斯多宴然而寂時魏齊王二十七年

般若多羅尊者

尊者東印度人既得法行化至南印度彼國王崇奉佛乘施以無價寶珠時王有三子尊者欲試其所得乃以施珠問曰此珠圓明有能及否其長子二子皆曰此珠七寶中尊固無踰也獨第三子菩提多羅曰此是世寶未足為上於諸寶中法寶為上此是世光未足為上於諸光中智光為上若明是寶寶不自寶若辯是珠珠不

已珠與者歎其辯慧乃復問曰於諸物中何物無相曰於諸物中不起無相尊者知是法嗣乃以如來正法眼囑付且示一偈云心地生諸種因事復生理果滿菩提圓華開世界起付法已即於座上舒左右手各放光明二十七道化火自焚空中舍利如雨時宋孝武帝大明元年也

菩提達磨尊者

尊者姓刹利帝本名菩提多那後遇般若多羅尊者改號達磨師恭稟教義服勤左右埀四十年未嘗廢欽追尊者順世遂演化本國遠近學者靡然向風經六十餘載度無量衆時値異見王輕毀三寶師知歎息彼德薄當何救之因命其徒波羅提往彼說法異見王怒而問曰何者是佛曰見性是佛王曰師見性否曰我見佛性

王曰性在何處曰性在作用王曰是何作用波羅提即說偈云在胎爲身處世爲人在眼曰見在耳曰聞在鼻辨香在口譚論在手執捉在足運奔遍現俱該法界收攝在一微塵識者知是佛性不識喚作精魂王聞偈頓悟乃悔前非因問曰仁者智辨當師何人答曰卽大王叔菩提達磨也王聞驚駭遽敕近臣特加迎請師卽隨使而至爲王懺悔前非王因泣謝師訓欽崇一

寶一日師念行化時至乃辭祖塔別王而行王乃具大舟率臣僚送至海壖師汎重溟凡三週寒暑達於南海實梁普通八年也廣州刺史蕭昂表聞武帝帝遣使迎請至金陵帝問曰朕造寺寫經不可勝紀有何功德師曰此人天小果有漏之因如影隨形雖有非實帝曰如何是真功德師曰淨智妙圓體自空寂如是功德不以世求帝又曰如何是聖諦第一義師曰廓然無聖

帝曰對朕者誰師曰不識帝不領悟師知機不契合潛回江北寓止於嵩山少林寺面壁而坐終日默然人莫之測謂之壁觀時有僧神光者博覽群書善談玄理聞師住止少林乃躬往參承師終面壁無語一夜天大雨雪光堅立不動遲明積雪過膝師憫而慰問之然終無誨言光乃潛取利刃自斷左臂置於師前師知是法器因與易名曰慧可光曰諸佛法[illegible]可得聞乎師

曰諸佛法印匪從人得光曰我心未寧乞師與安師曰將心來安光曰覓心了不可得師曰與汝安心竟師居少林九年欲西返天竺乃命門人曰時將至矣汝等試各言所得時門人道副曰如我所見不執文字不離文字而爲道用師曰汝得吾皮尼總持曰我今所解如慶喜見阿閦佛國一見更不再見師曰汝得吾肉道育曰四大本空五陰非有而我見處無一法可得師

曰汝得吾骨最後慧可禮拜後依位而立師曰汝得吾髓乃以如來正法眼囑授慧可示以偈云吾本來茲土傳教救迷情一花開五葉結果自然成說已端居而逝卽後魏孝明帝大和十九年其徒爲之葬熊耳山起塔於定林寺後二年魏宋雲奉使西域迴遇師於葱嶺見手携隻履翩翩獨逝雲問師何往師曰西天去雲茫然別師追孝莊卽位雲具奏其事帝令啟壙視之

惟見空棺一隻革履存焉舉朝驚異奉詔取遺履供養於少林寺後爲人竊往五臺華嚴寺今不知所在矣

慧可大師

師姓姬氏其母一夕感異光照室因而懷姙及生遂名曰光自幼博覽三乘遺書好遊山水受戒於香山寶靜禪師終日宴坐一日忽於寂默中見一神人謂曰將欲證果何滯此耶大道匪遥汝其南矣翌日光覺頭痛如刺其師欲治之空中有聲曰此換骨耳師視其頂果如五峯秀出因謂曰神命汝南者其少林達磨大師乎光

遂造少室內而得法受衣講法於少林寺大文
爲之散花自是繼闡玄風博求法嗣有一居士
年踰四十不言名氏來問師曰弟子身纏風恙
敢請和尚懺罪師曰將罪來懺居士良久云覓
罪了不可得師曰與汝懺罪竟僧曰今見和尚
已知是僧未審何爲佛法師曰是心是佛是心
是法佛法無二僧寶亦然居士領悟師遂深器
之曰是吾寶也宜名僧璨因以正法授之師付

法已因念達磨舊記當有宿累遂韜光混迹
易姓名或隱入酒肆或寄寓屠門人問之曰師
是道人何故乃爾師曰我自調心何關汝[illegible]後
果為同類誣於莞城邑宰加以非法師遂怡然
委順時年一百七歲即隋文帝十三年也

僧璨大師

大師初以白衣謁二祖既受度傳法遂隱於舒州皖公山積十餘載時人無有知者至隋開皇間有沙彌道信者年方十四來禮師曰願和尚慈悲乞與解脫法門師曰誰縛汝曰無人縛師曰既無人縛何更求解脫信於言下大悟服勞九載師屢試以玄微知其緣熟乃付以法衣且授偈云華種雖因地從地種華生若無人下種

華地盡無生授偈畢復適羅浮山優游二載却旋舊址逾月士民奔趨大設壇供師爲四衆廣宣心要訖於法會大樹下合掌而終卽隋煬帝大業二年也

道信大師

大師姓司馬氏生而超異幼慕空宗既嗣祖法攝心無寐脇不至席者六十年住破頭山學侶雲臻一日往黄梅路逢一小兒骨相奇秀師異之問曰子何姓曰姓即有不是常姓師曰是何姓曰是佛性師曰汝無姓耶曰性空故師知是法器卽詣其父母所乞令出家父母以宿緣故殊無難色遂捨爲弟子師乃以衣法授之後自

觀中太宗嚮師道味詔付京師上表遜謝前後三返竟以疾辭上復命使至曰如果不起即取首來師乃引頸就刃顏色不變使異之回以狀聞帝乃賜珍繒以遂其志迄高宗時一日忽謂門人曰汝等各自護念流化將來言訖端坐而逝

弘忍大師

師姓周氏生而岐嶷遇信大師得法嗣化於破頭山咸亨中有一居士姓盧名慧能來參謁師曰汝自何來曰嶺南師曰來求何事曰求作佛師曰嶺南人無佛性若爲得佛曰人有南北佛性豈異師知其異故訶曰入槽廠去能禮足而退入碓坊服勞八月晝夜不息一日師知付授時至[illegible]令徒衆各自隨意述偈時有上座神秀者

衆所宗仰乃於廊壁書一偈云[illegible]
如明鏡臺時時勤拂拭莫遣有塵埃師見偈乃
讃嘆曰依此修行亦得勝果能在碓坊忽聆誦
偈良久曰美則美矣了則未了同學咸以狂訶
之能曰子不信耶願和一偈同學相視而笑能
至夜秉燭密托一童書一偈於傍云菩提本非
樹明鏡亦非臺本來無一物何假拂塵埃大師
見偈至夜乃令人潛召慧能入室告曰諸佛出

世爲一大事無上正法傳授二十八世至達磨尊者始來此土吾今傳授於汝汝善護持聽吾偈曰有情來下種因地果還生無情既無種無性亦無生能跪而受之師曰汝當遠隱俟時行化所謂授衣之人命如懸絲也能曰當隱何所師曰逢懷卽止遇會且藏能禮足而出是夜南邁大衆懸知彼得衣法卽共奔逐師經四載入室安坐而逝壽七十有四

慧能大師

師姓盧其先范陽人家甚貧窶師樵采自給一日負薪入市中聞客讀金剛經遂悚然感悟矣志尋師至韶州遇女尼無盡藏者誦涅槃經師暫聽之即爲解說其義尼乃執卷問字師曰字即不識義即請問尼曰字尚不識安能會義師曰諸佛妙理非關文字尼大異之遍告居人競來瞻禮一日師忽曰我求大法豈可中道而

止明日遂行至昌樂西山石室遇智遠禪師指
示叅謁黃梅師竟往焉忍大師一見默而識之
授以衣法令隱於懷至儀鳳元年届南海遇印
宗禪師講經於法性寺師止廊廡聽受入夜風
颺刹幡二僧對論一云風動一云幡動往復酧
答未曾契理師不覺言曰風幡非動動自心耳
印宗悚然異之邀師入室執弟子禮乃告四衆
曰印宗具足凡夫今遇肉身菩薩因請出所傳

信衣悉令瞻拜明年二月韶州刺史韋據請於大梵寺轉妙法輪門人紀錄目爲壇經盛行於世後返曹谿雨大法雨學者不下千數中宗神龍元年遣內侍薛簡馳詔迎請師上表辭謝薛簡曰弟子回朝主上必問願慈悲指示心要如何明道師曰道無明暗明暗亦是代謝之義明明無盡亦是有盡相待立名簡曰明喻智慧暗況煩惱倘不以智慧照破煩惱無始生死憑何

出離師曰以智慧照煩惱此是二乘小見羊鹿等智上智大根悉不如是簡曰如何是大乘見解師曰明與無明其性無二無二之性即是實性性者處凡愚而不減在賢聖而不增住煩惱而不亂居禪定而不寂不斷不常不來不去不在中間不在內外不生不滅性相如如常住不遷名之曰道簡豁然大悟歸闕表奏師語加賜摩納袈裟絹鉢等物師說法利生經四十餘載

一月謂門人曰吾欲返新州安速理舟楫大衆哀請乞師少住師曰諸佛出世猶示涅槃有來必去理亦自然言訖往新州國恩沐浴跏趺而化異香襲人白虹屬地時先天二年也

法融禪師

師姓韋氏十九學通經史尋閱大典曉達眞空一日歎曰儒道世典非究竟法般若眞觀出世舟航遂投師落髮入牛頭山北岩石室中止焉時有百鳥啣花之異唐貞觀中四祖遥觀星氣知此山有奇異之人遂往尋訪見師端坐石上曾無所顧祖問曰在此何爲師曰觀心祖曰觀是何人心是何物師無對便起作禮祖亦因止

山後一小庵中朝夕以法要授之後祖復返雙
峰山終老師自此法席日盛徒衆乏粮師親詣
丹陽緣化去山八十里躬負米一石八斗朝出
暮還供僧三百一日講般若經於建初寺聽者
雲集山岳爲之震動後終於寺中百鳥哀號不
止寺前四大桐樹仲夏忽爾凋落時顯慶二年
也

古靈神讚禪師

師本姓陳生而狀貌奇偉頂骨山立聲若洪鐘幼入大中寺聽習律乘嘗念徒自勤苦而未聞玄秘乃孤錫遠遊行脚四方後遇百丈開悟始回本寺受業師問曰汝行脚數年得何事業曰並無事業遂遣執役一日其師澡浴命師去垢師乃拊背曰好座佛殿而佛不靈其師回首視之師曰佛雖不靈却會放光又日其師窗下看

經蠅子投窻鑽紙求出師曰世界如許空濶却不肯出乃鑽故紙其師置經問曰汝遇何人發言屢異師曰某甲蒙百丈和尚指箇歇處今欲舉報慈德耳乃登座舉唱百丈門風曰靈光獨燿逈脫根塵體露眞常不拘文字心性無染本自圓成但離妄縁即如如佛其師言下感悟師後住古靈聚徒數載臨遷化聲鐘告衆曰汝等諸人還識無聲三昧否衆曰不識師曰汝但靜

聽莫別思惟衆皆側耳師乃儼然順寂

趙州從諗禪師

師姓郝氏童時即於本州扈通院從師披剃便抵池陽叅南泉偃息而問曰近離甚麽處師曰近離瑞像曰還見立瑞像麽師曰不見立瑞像只見卧如來曰汝是有主沙彌無主沙彌師曰有主曰主在甚麽處師曰仲冬嚴寒伏惟和尚珍重南泉器之師復問曰如何是道泉曰平常心是道師曰還可趣向否泉曰擬向即乖師曰

不擬如何知是道泉曰道無知不知知是妄覺
不知是無記若是眞悟猶如太虛廓然何得强
名是非師言下開悟乃往嵩岳納戒却返南泉
一日將遊五臺有僧作偈留之云何處靑山不
道場何須策杖禮淸涼雲中縱有金毛現正眼
觀時非吉祥師云作麼生是正眼僧無對一日
師掃地次有僧問云善知識爲甚麼有塵師曰
塵從外來又僧問云淸淨伽藍爲甚麼要掃師

曰又加一點也院中有石幢子被風吹折僧問
陀羅尼幢子作凡去作佛去師曰也不作凡亦
不作佛僧曰畢竟作甚麼師曰落地去也有僧
問云如何是學人自已事師曰喫粥了也未僧
云喫粥也師曰洗鉢去僧忽然大悟又僧問云
久響趙州石橋到來只見掠彴師曰汝只見掠
彴不見石橋僧云如何是石橋師曰過來過來
其僧亦豁然師壽一百二十終於乾寧四年

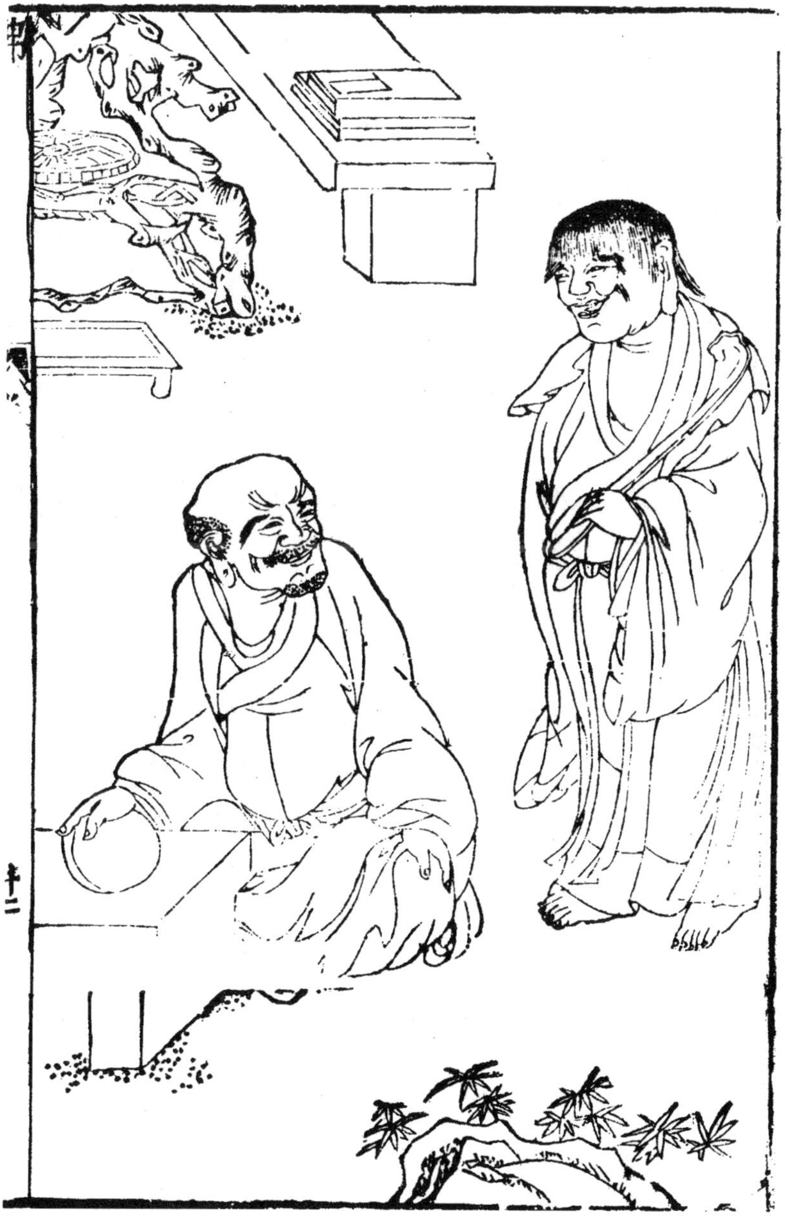

南岳懷讓禪師

師姓杜氏年十五往荆州玉泉寺依弘景律師出家受具習毗尼藏一日慨然直詣曹谿叅六祖祖問甚麽處來曰嵩山來祖曰將甚麽物來曰説是一物卽不中祖曰還可修證否曰修證卽不無汚染卽不得祖曰卽此不汚染諸佛所護念汝能如是吾亦如是師豁然契會執侍一十五載開元中往衡岳般若寺居焉有沙門道

一住傳法院常日坐禪師往問曰大德坐禪圖箇甚麼一曰圖作佛師乃取一磚於庵前石上一曰磨磚作甚師曰作鏡一曰磨磚豈得成鏡師曰磨磚既不成鏡坐禪安能成佛耶一曰如何卽是師曰如牛駕車車不行打車卽是打牛卽是一因禮拜請問曰如何用心卽合無相三昧師示一偈云心地含諸種遇澤悉皆萌三昧華無相何壞復何成師有入室弟子六人一

印可之天寶三年圓寂於衡岳

江西道一禪師

師姓馬氏容貌奇偉牛行虎視引舌過鼻足下有二輪文幼歲受具於渝州圓律師開元中習禪定於衡岳遇讓和尚傳法密受心印講法於開元精舍四方學者雲集座下師乃謂衆曰汝等各信自心是佛無事他求有僧問和尚爲何說卽心卽佛師曰爲止小兒啼僧曰啼止時如何師曰非心非佛龐居士問如水無筋骨能勝

萬斛舟此理何如師曰我這裏無水亦無舟說甚麽筋骨洪州廉使問曰弟子喫酒肉即是不喫即是師曰若喫是中丞祿不喫是中丞福師入室弟子凡一百三十九人各爲一方宗主傳化無窮貞元四年登建昌石門山見洞壑平坦忽謂侍者曰吾得歸所矣言訖而回即伽趺入滅

石鞏惠藏禪師

師生而膂力過人以弋獵爲事一日逐群鹿過馬祖庵前祖因逆之藏問祖見鹿否祖曰汝是何人曰獵者祖曰汝解射否曰解射祖曰汝一箭射幾箇曰一箭射一箇祖曰汝不解射我却一箭射一群曰彼此是命何用射他一群祖曰汝旣知此何不自射曰若教某甲自射卽無下手處祖曰這漢曠劫無明煩惱今日頓息藏卽

毀棄弓箭自以刀截髮投祖出家一日作務回
祖曰作什麽來曰牧牛來祖曰作麽生牧曰一
廻入草去便把鼻拽來祖曰子眞牧牛者後遊
洛陽回至唐州見一山殊勝詢及土人乃云此
紫玉山也師因陟其巔見一方石瑩然紫色嘆
曰眞紫玉也遂緝茅搆舍而棲焉

智威禪師

師姓華氏身長七尺六寸智勇過人爲隋中郎將唐武德中乃乞身出家入舒州皖公山從寶月禪師爲弟子一日宴坐谷中忽山水瀑漲師怡然不動山水自退師平生惟用一衲一鐺終老不易有供僧穀二廩盜者窺伺虎爲守之時縣令張遜詣山謁師問師曰徒從幾何師曰三二三人遜曰何在師以拂子擊禪牀三聲二虎咆

哮而出遂作驚怖狀師遂指之使去又有昔同
從軍一人聞師隱遁乃共入山訪之既見因謂
曰郎將狂耶師曰我狂欲醒君狂正發夫嗜色
淫聲貪榮冒寵流轉生死何由自出一人感嘆
而去儀鳳二年遷住石頭城示滅顏色不變屈
伸如生室有異香經旬不散

嵩嶽元珪禪師

師姓李氏幼歲出家習毘尼無懈後謁安國禪師印以真宗頓悟玄旨遂卜廬於嶽之龐塢一日有異人者峩冠袴褶而至從衛甚多師覩其形貌非常乃問之曰仁者胡來答曰師寧識我耶師曰吾觀佛如衆生等豈生分別耶曰我乃嶽神也能生死人師安能以一目視之師曰吾本不生汝焉能死吾視身與空等視吾與汝等

汝能壞空與汝乎神大感悟乃曰今欲効我所
能奉報慈德不知師果何欲師曰吾觀身無物
觀法無常更欲何事神曰佛亦使神護法師寧
隳佛耶師不得已而言曰北岫多樹然非屏擁
汝能移植東嶺乎神曰敬聞命矣即作禮騰空
而去入夜果暴風吼雷奔雲震電山嶽搖動及
旦和霽則北巖松栝盡移植東嶺矣師謂衆曰
吾沒後無令外知使人謂我為妖以開元四年

赤滅若委蛇焉

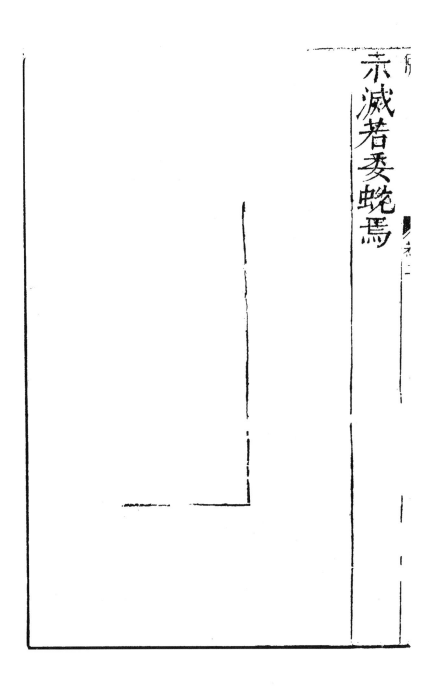

香嚴智閑禪師

師自幼厭俗慕道喜誦諸經依潙山禪會祐和尚知是法器乃激之曰吾不問汝平生卷册上記得者汝未出胞胎未辨東西時本分事試道一句來師懵然無對沉吟久之進數語祐皆不許師曰請和尚爲說祐曰吾說得是吾之見解於汝何益師歸堂徧檢所集諸經無一語可將酧對乃自嘆曰畫餅不可充饑於是盡焚之曰

且作箇長行粥飯僧免役心神遂辭溈山而去
抵南陽見忠國師遺跡遂憩止焉一日因山中
芟除草木以瓦礫擊竹作聲俄然失笑忽爾省
悟遂歸沐浴焚香遥禮溈山贊云和尚大悲恩
逾父母當時若爲我說却安有今日乃述一偈
云一擊忘所知更不假修持處處無蹤跡聲色
外威儀諸方達道者咸言上上機一日謂衆曰
如人在千尺懸崖口銜樹枝脚無所蹋手無所

拳凡示學徒語多簡直有頌二百餘篇隨緣對
機不拘聲律諸方盛行

仰山慧寂禪師

師姓葉氏年十五欲出家父母不許師斷二指跪致父母前誓求正法以荅劬劳遂依南華寺通禪師落髮遊方初謁耽源已悟玄旨後叅潙山漸入堂奥嘗見桃花有會一日述偈云三十年來尋劍客幾逢落葉幾抽枝自從一見桃花後直至如今不疑祐師覽畢詰其所悟與之符契乃謂曰從緣悟道善自護持一日隨潙山

開田師問曰這頭恁的低那頭恁的高祐曰水
能平物但以水平師曰水亦無憑但高處高平
低處低平耳祐然之師問香嚴弟近日見處何
如曰某甲卒說不得乃呈偈云去年貧未是貧
今年貧始是貧去年無卓錐之地今年錐也無
師曰汝得如來禪未得祖師禪師盤桓僞山前
後十五載凡有語句學徒無不嘆服後遷止仰
山徒衆益盛接機利物爲禪宗標準年七十七

抱膝而逝於韶州東平山臨終有偈云我年七十七老去是今日任性自浮沉兩手抱雙膝

丹霞天然禪師

師不知何許人初習儒業將入長安應舉宿遊旅間遇一禪客問云仁者何往曰選官去客云選官何如選佛曰選佛當往何所客云今江西馬大師是選佛場也師因直抵江西謁馬師師顧視良久云南岳石頭是汝師也師遽遊南岳以前意投之石頭石頭云著槽廠去師禮謝入行者房隨次執役三年忽一日石頭示衆云來

日剗佛殿前草次日大衆各備鍬钁剗草獨師以盆盛水淨頭於和尚前胡跪石頭見而笑之便與落髮又爲授戒師乃掩耳而出復往江西再謁馬師馬師因爲更名曰天然乃杖錫觀方時至慧林寺遇天大寒師取木佛焚之人或譏師師曰吾燒取舍利以長慶四年告門人云吾欲行矣乃戴笠策杖授履垂一足未及地而化

俱胝和尚

師不知姓氏嘗宴坐一庵有尼名實際者到庵戴笠執錫遶師三匝云道得即拈下笠子三問師皆無對尼便去師自嘆曰我雖丈夫之形而無丈夫之氣擬棄庵往諸方參訪其夜山神告曰不須去此將有大菩薩來說法也旬日果天龍和尚到庵師乃迎禮具陳前事天龍竪一指示之師當下大悟自此凡有學示師亦唯舉一

外別無提唱有一童子於外或人問曰和尚說何法要童子亦竪起指頭歸而舉似於師師以刀割斷其指童子叫號出走師召一聲童子廻首師復竪起指頭童子豁然領解一日謂衆曰吾得天龍一指頭禪一生用不盡言訖示滅

藥山惟儼禪師

師姓韓年十七依慧照禪師出家納戒於衡岳希操律師乃自嘆云大丈夫當離法自淨豈能屑屑事細行於布巾耶即謁石頭密領宗旨一日師坐次石頭問曰作甚麼曰一切不為石曰恁麼即閑坐也曰若閑坐即為也石曰汝道不為却不為箇甚麼曰千聖亦不識石頭有時垂語云言語動用勿交涉師曰不言語動用亦勿

交涉石曰這裏針劄不入師曰這裏石上栽花
石頭然之朗州刺史李翱向師玄化乃躬入山
謁之師執經不顧翱性褊急乃言曰見面不如
聞名師呼太守翱應諾師曰何得貴耳賤目翱
因拱手謝之問曰如何是道師以手指上下云
會麼翱云不會師曰雲在天水在瓶翱乃欣愜
作禮呈一偈云煉得身形似鶴形千株松下兩
函經我來問道無餘話雲在青天水在瓶翱又

問如何是戒定慧師曰貧道這裏無此閑家具翺莫測玄旨師曰太守欲得保任此事直須向高高山頂坐深深海底行閨閤中物捨不得便爲滲漏師一夜登山經行忽雲開見月大笑一聲響聞九十許里居民迭相訝問不知何聲李翺贈詩云選得幽居愜野情終年無送亦無迎有時直上孤峰頂月下披雲笑一聲大和八年師忽叫云法堂倒矣僧眾各持柱撐之師乃寂然順世

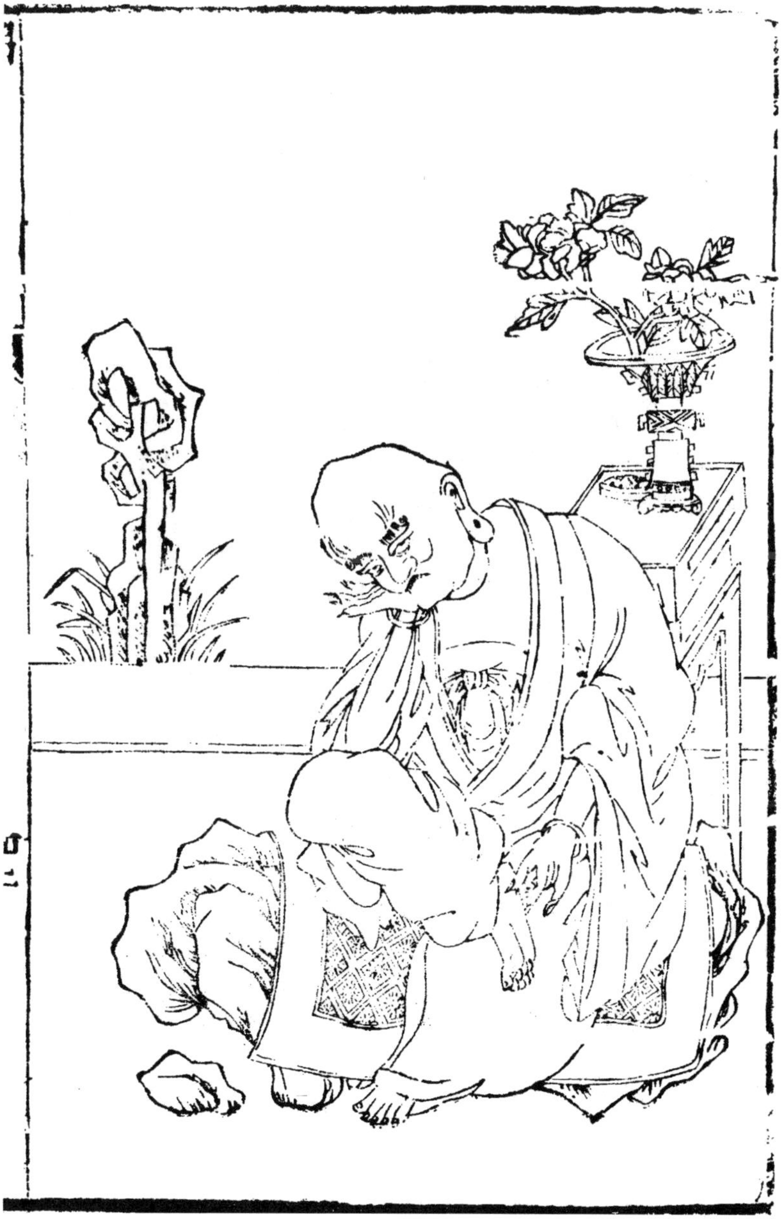

龍潭崇信禪師

師未詳姓氏本渚宮賣餅家子也時道悟和尚居天皇寺人無識者師家居寺側常日以十餅饋之悟受之每食必留一餅云吾惠汝以蔭子孫師一日自念云餅是我的何復遺我其別有旨乎遂造而問焉悟曰是汝持來還汝持去又何疑焉師聞言頓悟遂受戒出家悟因賜名崇信一日問曰某自到來不蒙指示心要悟云自

汝到來吾何者不指示心要汝擎茶吾爲汝接汝行食吾爲汝受汝合掌時吾便低首何處不指示心要師低頭良久悟曰見則直下便見擬思卽差師當下領會乃復問如何保任悟云任性逍遥隨緣放曠但盡凡心別無勝解師後詣龍潭棲止德山來謁師曰久慕龍潭到來潭又不見龍亦不現師曰子親見龍潭矣德山卽休師後佛敎廣宣徒學日衆壽八十有六而化

破竈墮和尚

師不稱名氏言行叵測隱居嵩嶽山塢有廟甚靈中唯一竈遠近祭祀烹殺甚多師一日領侍僧入廟以杖敲竈三下云咄此竈只是泥瓦合成聖從何起靈從何來恁麼烹殺物命言訖又擊三下竈乃傾墮故遂稱破竈墮和尚須臾有一人峩冠大帶忽然投拜師前師曰伊是何人曰我是此廟竈神久受業報今蒙師說無生得

脫此處生在天中故特來謝師曰是汝本性何
謝之有神再作禮而沒侍衆問曰某等久侍左
右未嘗明訓竈得何旨便爾生天師曰我只道
本是泥瓦合成別也無甚道理侍衆不會師曰
本有之性爲甚不會侍衆遂禮拜師曰破也破
也墮也墮也墮也又僧問如何是修善行人師曰稔
鎗帶甲又問如何是作惡行人師曰修禪入定僧
曰某甲淺機乞[illegible]指師曰汝問我惡惡不從

善汝問我善善不從惡良久又曰會麼曰會師曰惡人無善念善人無惡心所以道善惡如浮雲俱無起滅處其僧從言下大悟一日持鏡自照頌曰鏡凹令人瘦鏡凸令人肥不如打破鏡還我舊面皮後竟不知所終

雲巖曇晟禪師

師姓王少出家初叅百丈懷海禪師未悟玄旨後詣藥山會下乃始契悟大法一日藥山問云聞汝解弄師子是否師曰是曰弄得幾出師曰弄得六出藥云我亦解弄師曰和尚弄得幾出曰我弄得一出師曰一即六六即一後到溈山溈山問曰聞長老在藥山會弄師子是否師曰是曰長弄麼還有置時麼師曰要弄即弄要置

郎置曰置時獅子在什麽處師曰置也置也有
僧來謁師問從甚處來僧云石上語話來師云
石還點頭也無僧無對師曰未聞時却點頭唐
會昌元年師示寂壽六十茶毗得舍利一百餘
粒瘞於石墳内

洞山良价禪師

師姓俞幼歲從師因念般若以無根塵義問其師師駭異命往嵩山落髮受戒初叅僞山後又訪道雲岩雲岩留止焉師問曰無情說法甚麽人得聞岩曰無情說法無情得聞師曰和尚聞否岩曰我若聞汝即不得聞吾說也師曰若恁麽良价不聞和尚說法也岩曰我說汝尚不聞何況無情說法也師因呈一偈云也大奇也大

奇無情解說不思議若將耳聽聲不現眼裏聞
聲始得知師又問曰和尚百年後忽有人問還
得師眞否如何祇對岩曰但向伊道卽這個便
是師猶涉疑似後因對水見身影而大悟前旨
乃作偈云功忌從他覓迢迢與我踈我今獨自
往處處得逢渠渠今正是我我今不是渠應須
恁麼會方得契如如師後在新豐山接引學徒
甚衆咸通十三年師將示滅乃謂衆曰吾閑名

在世誰能爲吾除之衆皆無對時沙彌出曰請
和尚法號師曰吾聞名已謝矣言訖寂然長往

益州無住禪師

師得法於無相大師居南陽白崖山專務宴寂埀誨雖廣而唯以無念爲宗唐相國杜鴻漸聞師名思一瞻禮乃遣使敬請師至公問曰弟子聞師說無憶無念莫妄三句法門是否曰然公曰此三句是一是三曰無憶名戒無念名定莫妄名慧一心不生具戒定慧非一非三也公曰後句妄字莫是從心之忘乎曰從女者是也公

曰有據否曰經云若起精進心是妄非精進若能心不妄精進無有涯公疑釋然於時庭樹鴉鳴公問師聞否曰聞鴉去又問師聞否曰聞公曰鴉去無聲云何言聞師乃普告大衆曰聞無聞有非聞聞性本來不生何自有滅有聲之時是聲塵自生無聲之時是聲塵自滅而此聞性不隨聲生不隨聲滅悟此聞性則免聲塵所轉自知聞無生滅聞無去來衆作禮而退

師虔化無量後居保唐寺壽終

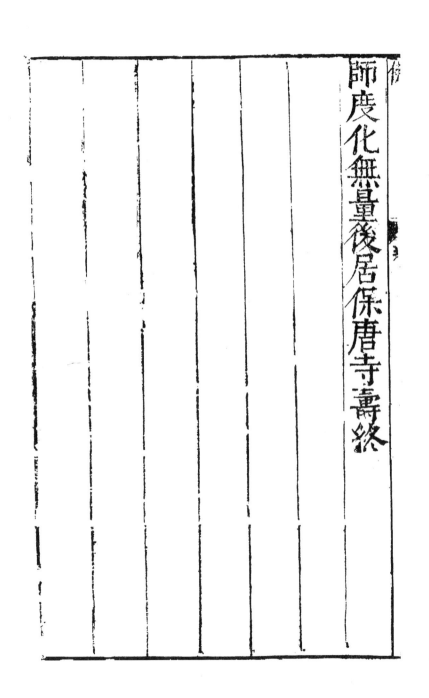

伏牛山自在禪師

師姓李形貌短小智慧越人初依徑山國一禪師受具後叅大寂發明心地因為大寂送書與忠國師國師問曰馬大師以何示衆師對曰即心即佛國師曰此外更有何言師對曰　非心非佛或曰不是心不是佛不是物國師曰　猶較些子師曰馬大師即恁麼未審和尚如何　國師曰三點如流水一曲似禾鐮師後隱居　伏牛山一

日謂衆曰卽心卽佛是無病求病句非心非佛
是藥病對治句僧問曰如何是脫洒句師曰伏
牛山下古今傳又嘗自吟一絶云宇內爲閑客
人中作野僧任從他咲我有處自騰騰

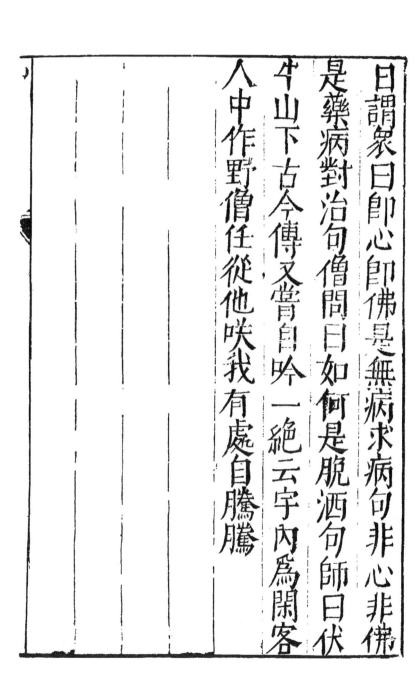

大珠慧海禪師

師姓朱依越州道智和尚受業初參馬祖祖問曰從何處來曰大雲寺來祖曰來此擬何事曰來求佛法祖曰自家寶藏不顧抛家散走我這裡一物也無求甚佛法師遂禮拜問曰阿那箇是慧海自家寶藏祖曰卽今問我者是汝寶藏一切具足何假向外馳求師於言下大悟承事六載後以受業師老還歸奉養乃晦迹韜光外示

癡訥一日有法師來謁曰擬伸一問師還對否師曰深潭月影任意撮摩曰如何是佛師曰清譚對面非佛而誰又僧問和尚如何用功師曰饑來喫飯困來打眠曰一切人總如是用功否師曰不同曰爲甚不同師曰他喫時不肯喫百種須索睡時不肯睡千般較量所以不同僧杜口無語師時閑居補衲忽僧謂曰將敗壞衲吃壞師曰何不道卽敗壞非敗壞其僧作禮而去

紫玉山道通禪師

師姓何本廬江人幼隨父守官泉州一日誦楞伽經有悟遂落髮出家唐天寶初馬祖闡化建陽師徃隨之一日馬祖將歸寂謂師曰紫玉潤麗增汝道業汝可居之師初不悟後偕自在禪師同遊洛陽回至唐州見一山四面懸絕峯巒峻聳山麓水濱有石瑩然因詢鄉人云是紫玉山遂笑曰此吾師所云紫玉也因緝茅而居焉

嘗坐石上吟曰閒來石上觀流水欲洗禪衣未
有塵時于頔相公往謁之問如何是黑風吹舡
舫漂墮羅刹鬼國師曰于頔小子問此何爲公
勃然怒形於色師徐謂曰發此嗔恚心便是黑風
吹舡舫飄墮入鬼國矣公始怡然作禮悔謝元
和八年師無疾而終壽八十有四

豐干禪

師不知何許人居天台山國清寺剪髮齊眉衣一布裘人問佛理止答以隨時二字嘗誦唱道歌乘虎入院衆僧驚畏本寺廚中有二苦行曰寒山拾得二人終日晤語聽者不解時以風狂目之獨與師相親一日寒山問古鏡不磨時如何燭照師曰氷壺無影像猿猴探水月曰此是不照燭也請師更道師曰萬德不將來教我道

什麼寒拾俱禮拜師尋入五臺山巡禮路逢一老翁師問莫是文殊否曰豈可有二文殊師作禮未起忽然不見至五臺經數年後回天台山示滅

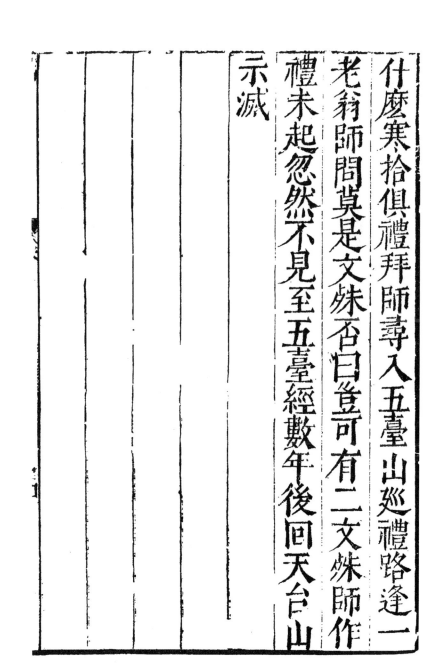

寒山子

師本無氏族嘗居始豐縣寒巖中遂名寒山子容貌枯悴布襦零落以樺皮爲冠曳大木屐時來國清寺就拾得取衆僧殘食菜滓食之或時徐行廊下或時叫噪望空慢罵寺僧以杖逼逐附掌大笑而去一日豐干謂之曰汝與我遊五臺卽我同流若不與我去非我同流曰我不去豐干曰不是我同流寒山因問曰汝去作甚麽

豐干曰我去禮文殊曰汝却不是我同流初閭丘公出牧丹丘來謁豐干乞示安危之兆豐干曰到任記謁文殊普賢曰此二菩薩何在師曰國清寺執爨者寒山拾得是也閭丘拜辭乃行尋至山寺訪之見二人圍爐語笑閭丘不覺致拜二人連聲咄叱復執閭丘手笑而言曰豐干饒舌遂相携出松門更不復入寺閭丘又至寒巖禮謁二人高聲喝之曰賊便縮身入巖石縫

中唯曰汝諸人各各努力其名倏忽然而合杳無蹤跡閭丘泉慕不已令其徒道翹檢其遺物唯有木葉書詞數十首而已

拾得子

師不知名氏因豐于經行山中聞兒啼聲遂尋之見一子可數歲遂名拾得携至國清寺付典座僧令知食堂香燈忽一日輒登座與佛對盤而食與座僧忿然罷其堂任令廚内滌器洗濯食滓以筒盛之寒山來必負之而去一日掃地寺主問曰汝名拾得畢竟姓箇甚麼住在何處拾得放下掃帚叉手而立寺主罔測寒山搥胸

云蒼天蒼天拾得却問汝作什麽曰豈不見一
家人死西家助哀二人作舞大笑而出一日因
厨下食爲烏所食拾得以杖杖護伽藍曰汝食
不能護安能護伽藍乎是夕神見夢合寺僧曰
拾得打我詰旦衆僧説夢符同一寺駭異牒申
州縣云菩薩應身宜用旌之時號拾得爲賢士
後遂隱名而逝

布袋和尚

師未詳氏族形裁腲脮蹙額皤腹出語無定寢臥隨處常以杖荷一布袋凡供身之具盡貯袋中時號長汀子布袋師也嘗臥雪中雪不沾衣示人吉凶應期無忒天將雨即着濕草屨遇亢陽即曳木屐居民以此驗知有一僧過師前師拊其背僧回顧師曰乞我一文僧曰道得即與一文師乃放下布袋义手而立白鹿和尚問如

何是佛法大意師放下布袋叉手又問莫更有向上事否師乃負之而去嘗有偈云一鉢千家飯孤身萬里遊青目覩人少問路白雲頭梁貞明三年三月於岳林寺東廊下端坐磐石而說偈曰彌勒眞彌勒分身千百億時時示時人時人自不識偈畢安然而逝

烏窠禪師

師姓潘母朱氏夢日光入口因而有娠及誕異
香滿室遂名香光焉九歲出家二十受戒於荆
州果願寺一日遊至孤山永福寺有辟支佛塔
時道俗共爲法會師振錫而入有韜光法師問
曰此之法會何以作聲師曰無聲誰知是會後
見秦望山有松蘿繁茂盤屈如蓋遂棲止其上
故時人謂烏窠禪師元和中白居易出守茲郡

入山禮謁乃問曰禪師住處甚險師曰太守注
處尤險曰弟子位鎮江山何險之有師曰薪火
相煎識性不停得非險文問如何是佛法大
意師曰諸惡莫作衆善奉行曰三歲孩子也
解恁麼道師曰三歲孩子道得八十老翁行不
得白遂作禮師于長慶四年忽告衆曰吾今報
盡言訖坐亡壽八十有四

誌公和尚

師姓朱氏少出家止道林寺修習禪定居止無常飲食不定髮長數寸徒跣執錫杖頭擐剪尺銅鑑或掛帛數尺旬日不食亦無飢容時或歌吟詞如讖記士庶皆敬事之建元中武帝謂師惑衆收付建康獄中人或見其在市及檢獄如故及梁　高帝卽位下詔曰誌公迹拘塵垢神遊冥寂水火不能焦濡蛇虎不能侵害豈以俗士

常情空相拘制自今不得復禁一日問師曰弟子煩惑何以治之師曰十二識者以爲十二因緣治惑藥也時舒州灊山景色最稱奇絕而山麓尤勝誌公與白鶴道人皆欲之天監六年二人俱白高帝帝以二人皆具靈通命各以物識其地得者居之道人云某以鶴止處爲記誌公云某以錫卓處爲記已而鶴先飛至將止於麓忽聞空中錫驚止他所而錫遂卓於山麓二

人乃各以所識築室焉後至十三年冬忽謂人曰菩薩將去未及旬日端坐而化遍體香爽

杯渡和尚

杯渡者未詳名氏常乘杯渡水故因名之初在冀州不修細行飲酒噉肉與俗無異或着屐上山或徒行入市唯荷一蘆圌子更無餘物嘗寄宿一民家座有金像一尊渡竊而去其家覺而追之見渡徐行走馬追之不及至於孟津浮杯而渡不假風棹其疾如飛東遊吳郡路見釣翁因就乞魚翁以一餧着施之渡手弄反復投入

水中魚復悠然而逝又遇網師更從乞魚網師瞋詈不與渡乃拾取兩石子擲水中俄而有兩水牛鬬入其網網既碎敗牛不復見渡亦隱去後至廣陵遇村舍李家八關齋乃直入齋堂而坐以蘆圌置於中庭李子視其中唯一敗衲及一木柄而已數人舉之不勝李知其異敬請在家眷侍百日一日或出至暝不返合境聞有異香忽見渡在北岩下敷一敗袈裟於地晏然而寂

前後皆生蓮華鮮香逼人一夕而萎李因殯之
數日後有人從北來云見渡負蕢圖行向彭城
乃啟棺檢僅存鞾履云而已

慧遠禪師

師本姓賈氏弱而好書尤喜莊老性度弘偉風鑒朗拔年二十一聞沙門釋道安講法於太恒山遂往從之一日聽講般若經豁然有悟乃與弟慧特投簪落髮慨然以大法爲已任晝夜行特一時宿儒老衲咸推服焉後欲往羅浮山及届潯陽見廬峰清淨足以息心遂住龍泉精舍時廬山去水甚遠師乃以錫杖卓地曰若此中果

得棲息當使稿地泉湧言畢清流突出倏忽成
溪其後潯陽亢旱師詣池側讀龍王經忽有巨
蛇自下騰上須臾大雨遂以有年因號爲龍泉
寺焉自師卜居廬阜三十餘年影不出山迹不
入俗每送客率以虎溪爲界過則虎輒鳴號故
名虎溪後與陶淵明陸修静語道契合不覺過
之因大發笑世遂傳爲虎溪三笑遠邇僧衆無
不欽服年八十有三圓寂於晉義熙十二年

竺道生

道生姓魏氏生而頴悟不喜塵囂遇沙門竺法汰遂落髮受戒初入廬山幽栖七年鑽研諸經不辭疲倦後遊長安從什公受業器鑒日深問辨精敏關中僧衆欽服若神後遊虎丘山岭然若有會心處遂棲跡焉嘗獨坐長松之下別無所接唯竪石爲徒而已一日講誦涅槃至闡提亦有佛性處曰如我所說果契佛心否竪石亦

肯之其年夏雷震靑園佛殿忽見一龍飛躍
昇天光影西壁遂改寺名曰龍光時人嘆曰龍
旣去生必行矣數日生果復還廬山留一遺影
落於虎丘巖岫間時往來僧衆無不瞻禮宋元
嘉十一年升廬山法座宣講涅槃將畢忽見麈
尾紛然墜地正容端坐宴然而寂

佛圖澄

師本姓白氏爲人弘雅有識明解三藏博覽六經天文圖緯多所綜涉其左脅乳旁有一孔約大四寸通徹腹内時以絮塞之夜欲讀書輒拔出其絮則一室洞明又齋日輒至水邊引腸滌之已而復納於中以永嘉四年來適洛陽志弘大法善持經呪役使鬼物以麻油雜胭脂塗掌千里外事皆徹現掌中如對面焉又聽鈴音以

言吉凶無不符驗時石勒屯兵葛陂專事殺戮
澄憫念蒼生欲以道化勒於是策杖詣軍門謁
大將黑略略素崇奉佛法遂以澄薦勒勒召問
曰佛道有何靈驗澄思勒不達深理止可術動
因取盆水燒香呪之頃刻青蓮鬱起光色動人
勒由此信伏澄因遇事進諫凡應被殘殺蒙其
利益者十有八九於是中州之胡皆願奉佛建
平四年四月一日天靜無風而塔上一鈴獨鳴

澄謂衆曰鈴云國有大喪不出今年矣是歲七
月勒死太子弘襲位少時石虎廢弘自立亦傾
心事澄澄留奉鄴城寺中一日遣弟子向西域市
香旣行忽告餘弟子曰掌中見買香弟子被刼
垂死因燒香呪願遙護救之旣而市香者還云
某月某日爲賊所刼將見誅殺忽聞香氣自空
而下賊無故自驚曰救兵已至棄之而走澄嘗
與虎共坐中堂澄忽驚曰幽州當有火災隨取

酒洒之且笑曰火已解矣虎遣驗幽州云爾日火從四起西南忽有黑雲飛來驟雨滅之雨中皆有酒氣虎因事澄若神至虎建武十四年忽謂弟子法祚曰戊申禍亂將萌己酉石氏當滅吾及未亂當先化矣至十二月八日卒於鄴宮春秋一百一十有七時晉穆帝永和四年也

普化和尚

師不知何許人氏佯狂無度手持一鐸凡見人無高下皆振鐸一聲時號普化和尚嘗振鐸云明頭來也打暗頭來也打一日臨濟令僧捉住云不明不暗時如何師曰來日大悲院有齋或暮入臨濟院手持生菜啖之臨濟曰這漢大似一頭驢師便作驢鳴數聲臨濟乃休一日與河陽木塔長老在僧堂閑云普化每日在街市中掣

風掣顛知他是凡是聖言未了師適入來濟便問之師云汝且道我是凡是聖濟便喝師以手指之云河陽新婦子木塔老婆禪臨濟小廝兒却具一隻眼濟云這賊師云賊賊便出去又嘗於闤闠間搖鐸唱曰覓箇去處不可得時道吾遇之問曰汝擬向什麼處去師曰汝從什麼處來道吾無語師掣手便去咸通間師將示滅乃振鐸入市謂衆曰乞一箇直裰或與披襖或與

布裘並不受後臨濟令人以一棺送之師笑曰臨濟小兒饒舌遂受之明日自擎棺出城北門振鐸入棺而逝郡人奔往揭棺視之不見唯聞鐸聲漸遠莫測其由

降魔禪師

師不知姓氏初在歸宗會下一夜巡堂大叫云我大悟我大悟衆駭之明日歸宗問曰汝見甚麼道理敢言大悟試舉似我師對曰師姑天然是女人作歸宗默然師便辭去歸宗拈一笠子送之師接笠子戴頭上便行更不廻顧直詣五臺山見文殊普賢皆叱之曰是何精魅手持一木劍自號降魔禪師見有僧來禮拜便云魔來

也魔來也卽以劍亂揮云那箇魔魅敎汝出家
那箇魔魅敎汝行脚道得也劍下死道不得也
劍下死速道速道僧皆無對如是十二年後置
劍無言有僧問云今却爲甚不降魔師曰賊不
打貧兒家臨終有偈云舉手攀南斗迴身倚北
辰出頭天外望誰是我般人

道吾和尚

師氣度風洒脱盡塵凡嘗頂一蓮花笠子披襴
執簡擊鼓吹笛口稱魯三郎嘗自云打動關南
鼓唱起德山歌先參道常禪師印其所解後遊
德山門下法味益精或時執一竹如意横在肩
上作舞僧問手中如意從甚處得來師擲於地
僧因拾起復置師手中　　　待來僧無
對師自拈起復横肩上　　而

法明和尚

師不知何許人落魄嗜酒佯狂不羈終日大醉喜唱柳詞人以醉和尚稱之師曰我醉且醒君醉奈何混俗和光然實不染一塵一日居靈隱寺中忽謂衆曰吾當行矣乃述一偈云平生醉裏顛蹶醉裏却有分別今朝酒醒歸何處楊柳岸曉風殘月

船子和尚

師名德誠在藥山會下受戒習法嘗於吳江上泛一小舟借釣適情浪跡烟水去留無定嘗作偈云千尺絲綸直下垂一波纔動萬波隨夜靜水寒魚不餌滿船空載月明歸又云三十年來海上遊水清魚現不吞鉤釣竿斫盡重栽竹不計功程便得休後棄舟而逝不知所終

ISBN 978-7-5010-7478-5

9 787501 074785 >

定價：230.00圓（全二册）